Impressum
Verlag: BABADADA GmbH, Nedderfeld 112 , 22529 Hamburg
Geschäftsführer / Verlagsleitung: Harald Hof
Druck: Books on Demand GmbH, In de Tarpen 42, 22848 Norderstedt

Imprint
Publisher: BABADADA GmbH, Nedderfeld 112 , 22529 Hamburg, Germany
Managing Director / Publishing direction: Harald Hof
Print: Books on Demand GmbH, In de Tarpen 42, 22848 Norderstedt, Germany

школа

de School

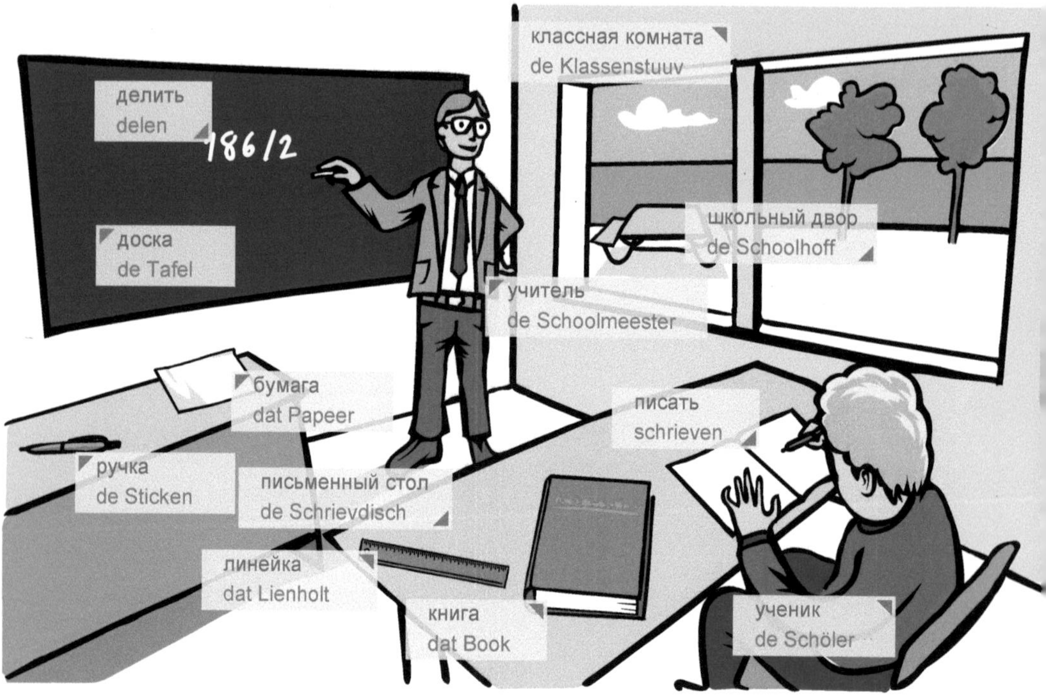

классная комната
de Klassenstuuv
делить
delen
186/2
доска
de Tafel
школьный двор
de Schoolhoff
учитель
de Schoolmeester
бумага
dat Papeer
писать
schrieven
ручка
de Sticken
письменный стол
de Schrievdisch
линейка
dat Lienholt
книга
dat Book
ученик
de Schöler

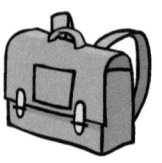

ранец

de Ranzel

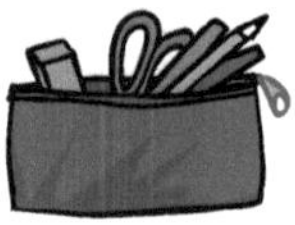

пенал

de Feddermapp

карандаш

de Bleesticken

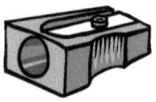

точилка

de Scharpmaker

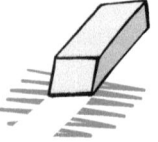

ластик

dat Radeergummi

альбом для рисования

de Tekenblock

рисунок

de Teken

кисточка

de Pinsel

коробка красок

de Malkassen

ножницы

de Scheer

клей

de Klever

тетрадь

dat Heft to'n Öven

домашняя работа

de Huusopgaav

цифра

de Tall

прибавлять

tohooptellen

вычитать

aftrecken

умножать

malnehmen

считать

reken

буква

de Bookstaav

алфавит

dat ABC

слово

dat Woort

текст

de Text

читать

lesen

мел

de Kried

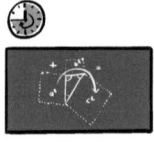

урок

de Stunn

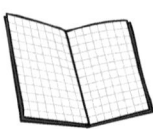

классный журнал

dat Klassenbook

экзамен

de Pröven

диплом

dat Tüügnis

школьная форма

de Schooluniform

образование

de Utbillen

энциклопедия

dat Nakieksel

университет

de Universität

микроскоп

dat Mikroskop

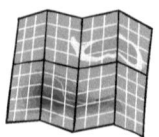

карта

de Koort

корзина для бумаг

de Papeerkorf

путешествие
de Törn

гостиница
dat Hotel
Grand
турбаза
de Harbarg
ROOMS
EXCHANGE
пункт обмена валюты
de Wesselstuuv
чемодан
de Kuffer
автомобиль
dat Auto

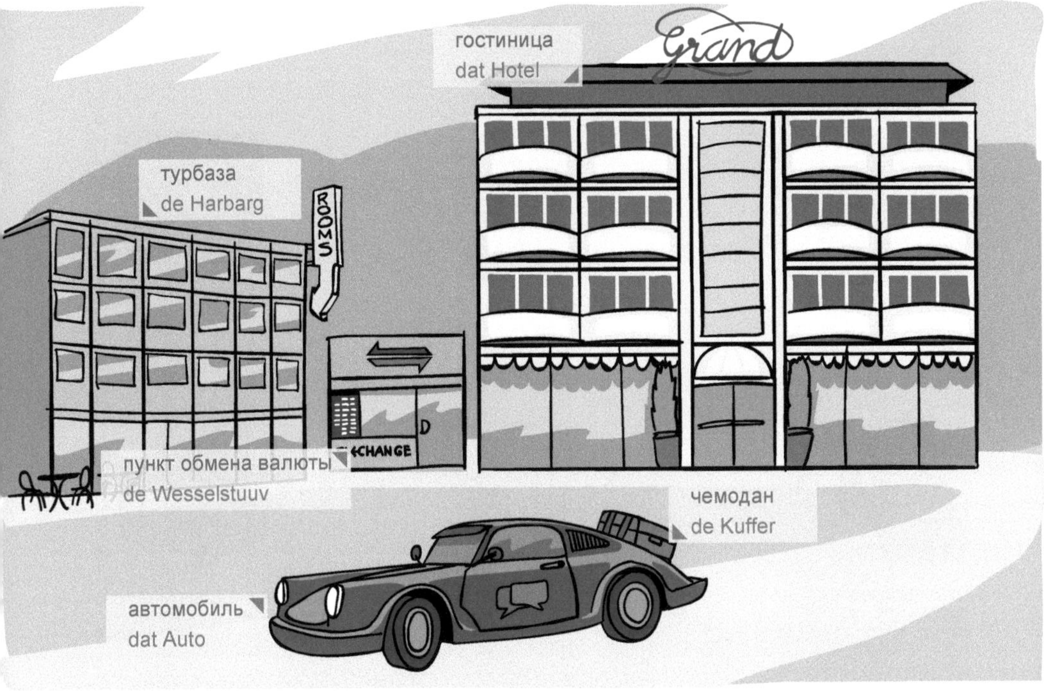

язык

de Spraak

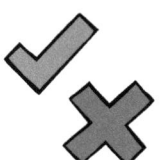

да / нет

jo / ne

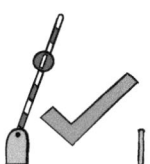

хорошо

Jo

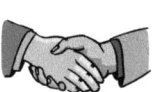

Привет

Moin

переводчик

de Översetter

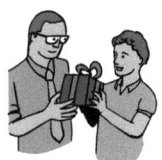

Спасибо

Dank ok

Сколько стоит…?

Wat kost…?

Я не понимаю

Ik verstah nich

проблема

dat Problem

Добрый вечер!

Goden Avend

Доброе утро!

Moin!

Доброй ночи!

Gode Nacht!

До свидания

Tschüüs

направление

de Richt

багаж

de Bagaasch

сумка

de Tasch

рюкзак

de Rüchsack

гость

de Gast

комната

de Stuuv

спальный мешок

de Slaapsack

палатка

dat Telt

туристическая
информация
de Touristeninformatschoon

пляж
de Strand

кредитная карточка
de Kreditkoort

завтрак
dat Fröhstück

обед
dat Meddageten

ужин
dat Avendeten

билет
de Fohrkort

лифт
de Fohrstohl

почтовая марка
de Breefmark

граница
de Grenz

таможня
de Toll

посольство
de Bottschop

виза
dat Visum

паспорт
de Pass

транспорт

de Transport

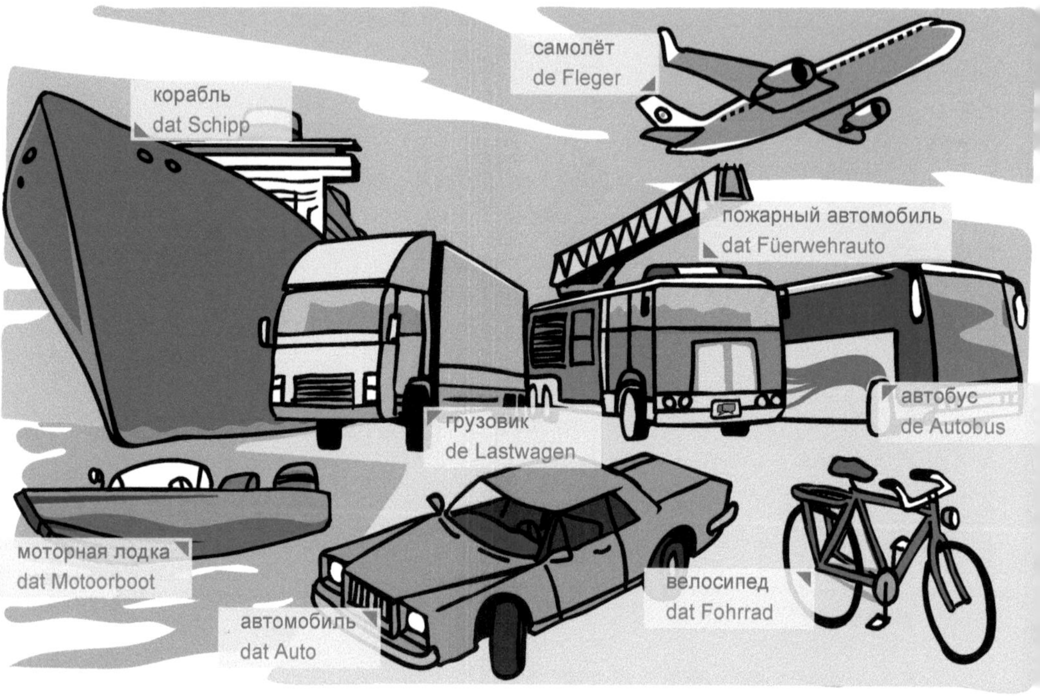
самолёт
de Fleger
корабль
dat Schipp
пожарный автомобиль
dat Füerwehrauto
автобус
de Autobus
грузовик
de Lastwagen
моторная лодка
dat Motoorboot
велосипед
dat Fohrrad
автомобиль
dat Auto

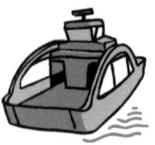

паром

de Fähr

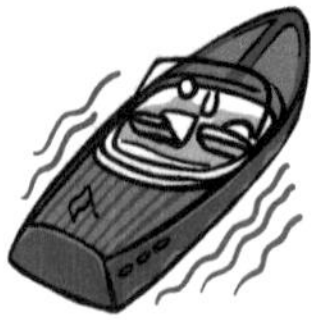

лодка

dat Boot

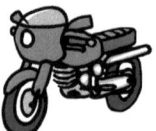

мотоцикл

dat Motoorrad

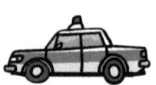

полицейский автомобиль

dat Polizeiauto

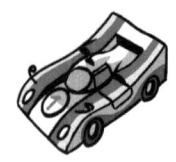

гоночный автомобиль

dat Rönnauto

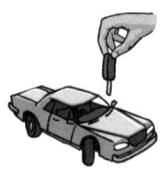

арендованный автомобиль

de Lehnwagen

совместное пользование
автомобилями

dat Carsharing

буксировочный
автомобиль
de Afsleepwagen

мусоровоз

dat Müllauto

двигатель

de Motoor

топливо

de Kraftstoff

заправка

de Tanksteed

дорожный знак

dat Verkehrsschild

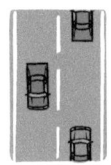

движение

de Verkehr

пробка

de Stau

автостоянка

de Afstellplatz

вокзал

de Bahnhoff

рельсы

de Sporen

поезд

de Tog

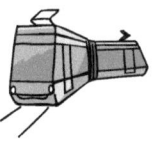

трамвай

de Stratenbahn

вагон

de Wagon

вертолёт

de Dwarsmöhl

аэропорт

de Flooghaven

вышка

de Tower

пассажир

de Fohrgast

контейнер

de Grootkist

коробка

de Karton

тележка

de Koor

корзина

de Korf

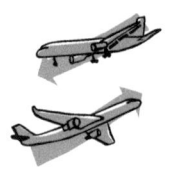

взлетать / приземляться

starten / lannen

город

de Stadt

деревня

dat Dörp

центр города

de Binnenstadt

дом

dat Huus

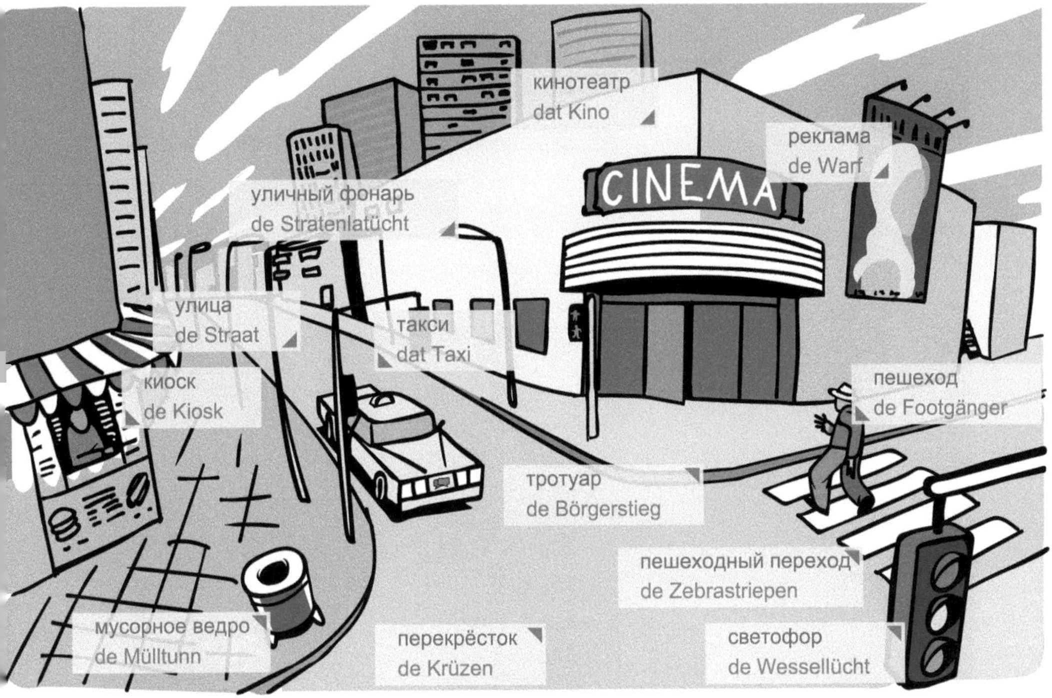

кинотеатр
dat Kino

реклама
de Warf

уличный фонарь
de Stratenlatücht

CINEMA

улица
de Straat

такси
dat Taxi

киоск
de Kiosk

пешеход
de Footgänger

тротуар
de Börgerstieg

пешеходный переход
de Zebrastriepen

мусорное ведро
de Mülltunn

перекрёсток
de Krüzen

светофор
de Wessellücht

хижина

de Hütt

квартира

de Wahnung

вокзал

de Bahnhoff

ратуша

dat Raathuus

музей

dat Museum

школа

de School

университет

de Universität

банк

de Bank

больница

dat Krankenhuus

гостиница

dat Hotel

аптека

de Afteek

офис

dat Büro

книжный магазин

de Bookhökerie

магазин

de Hökerie

цветочный магазин

de Blomenhökerie

супермаркет

de Supermarkt

рынок

de Markt

универмаг

dat Koophuus

торговец рыбой

de Fischhökerie

торговый центр

dat Inkoopszentrum

порт

de Haven

парк

de Parkanlaag

скамейка

de Bank

мост

de Brüch

лестница

de Trepp

метро

de Ünnergrundbahn

тоннель

de Tunnel

автобусная остановка

de Busstoppsteed

бар

de Bar

ресторан

dat Spieslokal

почтовый ящик

de Breefkassen

табличка с названием
улицы

dat Stratenschild

паркометр

de Parkklock

зоопарк

de Deertenpark

бассейн

de Baadanstalt

мечеть

de Moschee

ферма

de Buernhoff

загрязнение окружающей среды

de Ümweltversmudden

кладбище

de Karkhoff

церковь

de Kark

детская площадка

de Speelplatz

храм

de Tempel

ландшафт

de Landschop

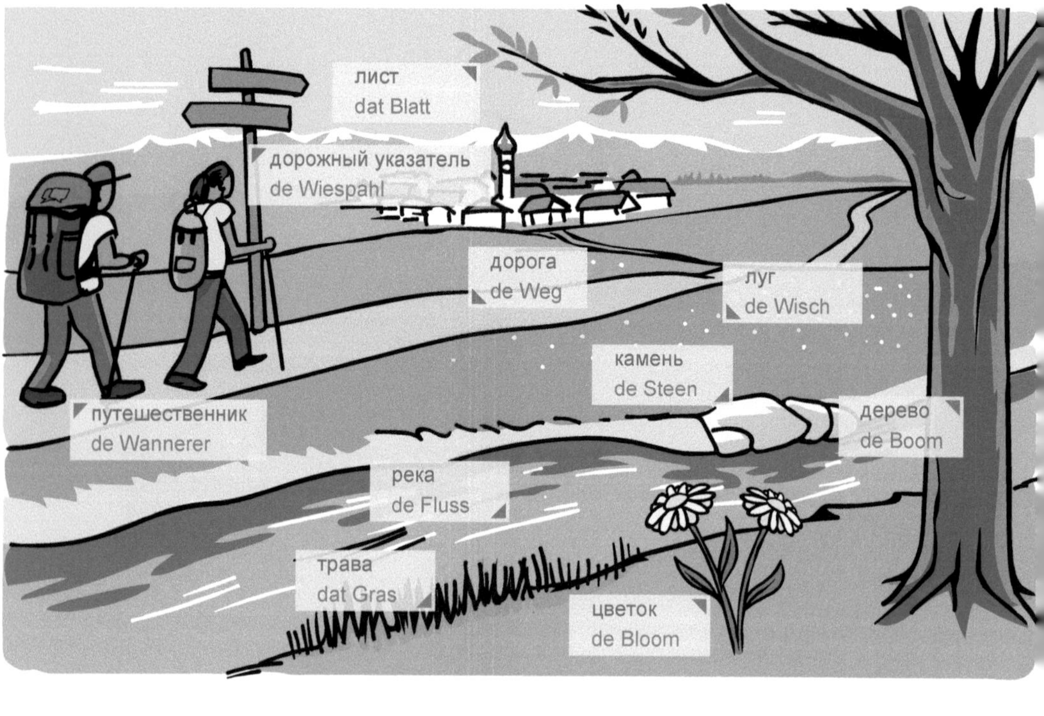

лист
dat Blatt

дорожный указатель
de Wiespahl

дорога
de Weg

луг
de Wisch

камень
de Steen

дерево
de Boom

путешественник
de Wannerer

река
de Fluss

трава
dat Gras

цветок
de Bloom

долина

dat Daal

гора

de Barg

озеро

de See

лес

dat Holt

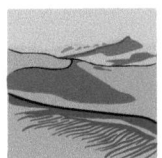

пустыня

de Wööst

вулкан

de Füerspien Barg

замок

dat Slott

радуга

de Regenbagen

гриб

de Poggenstohl

пальма

de Palm

комар

de Steekmück

муха

de Fleeg

муравей

de Miegeemk

пчела

de Imm

паук

de Spinn

жук

de Sebber

лягушка

de Pogg

белка

de Katteker

еж

de Swienegel

заяц

de Haas

сова

de Uul

птица

de Vagel

лебедь

de Swaan

кабан

dat Wildswien

олень

de Hirsch

лось

de Elk

плотина

de Staudamm

ветряной генератор

dat Windrad

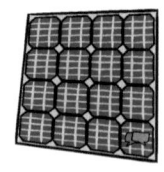

солнечная батарея

dat Solarmodul

климат

dat Klima

ресторан
dat Spieslokal

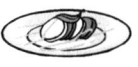

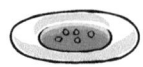

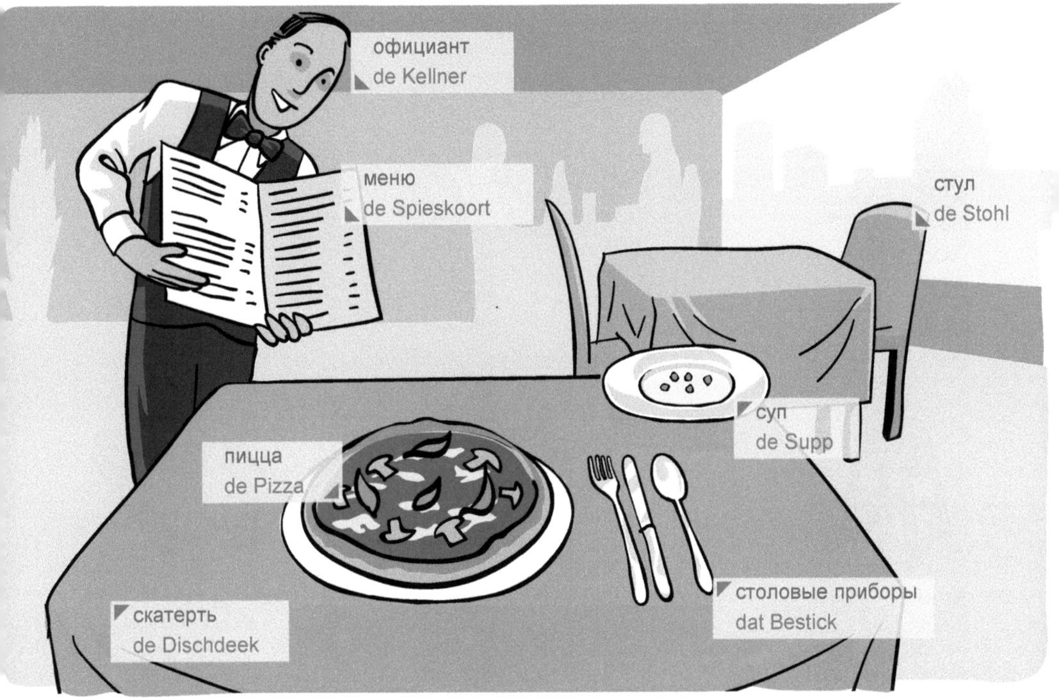
официант
de Kellner
меню
de Spieskoort
стул
de Stohl
суп
de Supp
пицца
de Pizza
столовые приборы
dat Bestick
скатерть
de Dischdeek

закуска

de Vörspies

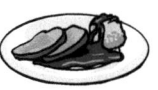

главное блюдо

dat Haupteten

десерт

de Nadisch

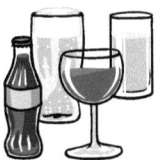

напитки

de Drünk

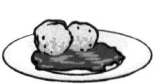

еда

dat Eten

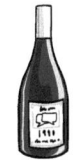

бутылка

de Buddel

фастфуд

dat Fastfood

уличная еда

dat Strateneten

чайник

de Teekann

сахарница

de Zuckerdoos

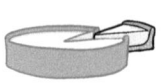

порция

de Portschoon

кофеварка

de Espressomaschien

детский стульчик

de Hoochstohl

счет

de Reken

поднос

dat Tablett

нож

dat Mess

вилка

de Gavel

ложка

de Lepel

чайная ложка

de Teelepel

салфетка

dat Munddook

стакан

dat Glas

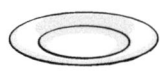

тарелка

de Töller

суповая тарелка

de Suppentöller

блюдце

de Ünnertass

соус

de Sooß

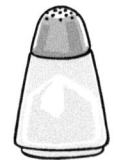

солонка

de Soltstreuer

мельница для перца

de Pepermöhl

уксус

de Etig

масло

dat Ööl

специи

de Krüder

кетчуп

de Ketchup

горчица

de Mostrich

майонез

de Mayonnaise

супермаркет

de Supermarkt

специальное предложение
dat Anbott
FOR
покупатель
de Kunn
молочные продукты
de Melkprodukten
фрукты
dat Aaft
тележка для покупок
de Inkoopswagen

BUTCHERS

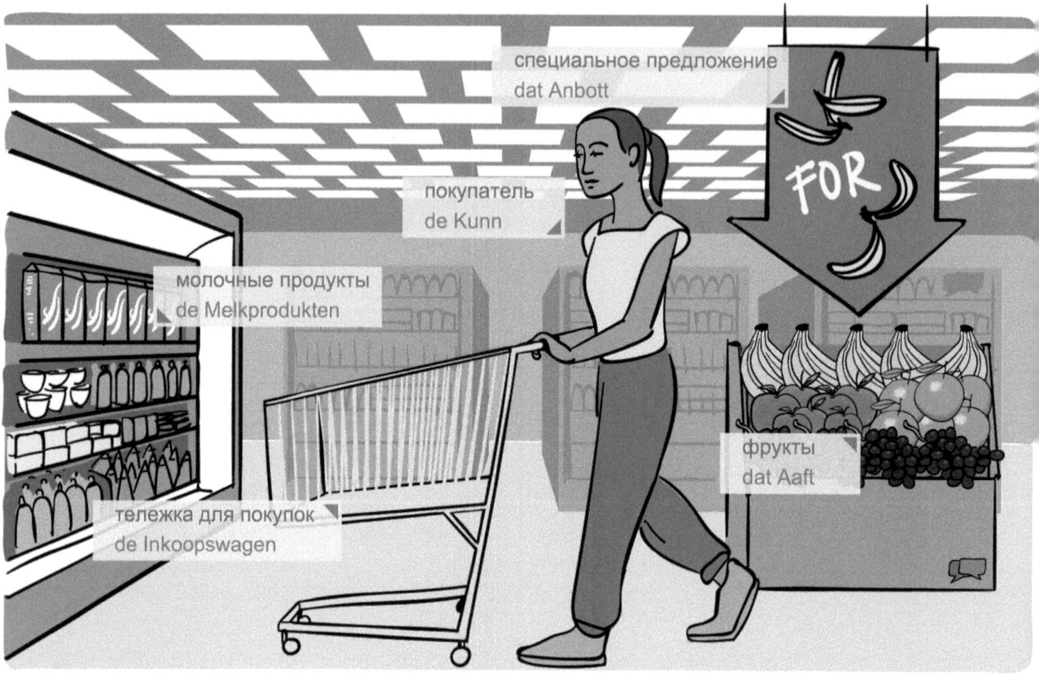

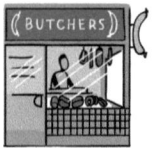

мясной магазин

de Slachterie

BAKERY

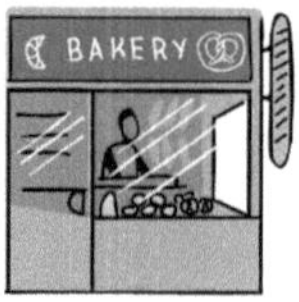

пекарня

de Bäckerie

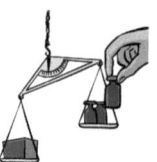

взвешивать

wegen

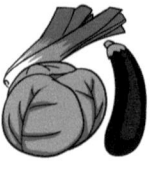

овощи

de Gröönsaken

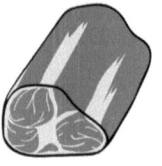

мясо

dat Fleesch

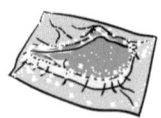

быстрозамороженные продукты

de Deepköhlkost

нарезка

de Opsnitt

консервы

de Konserven

стиральный порошок

de Waschmiddel

сладости

de Snoopkraam

предмет домашнего обихода

de Huushooltssaken

моющее средство

de Reinmaaktüüch

продавщица

de Verköpersche

касса

de Kass

кассир

de Kasserer

список покупок

de Inkoopslist

время работы

de Opsparrtieden

бумажник

de Breeftasch

кредитная карточка

de Kreditkoort

сумка

de Tasch

полиэтиленовый пакет

de Plastiktüüt

de Drünk

вода

dat Water

сок

de Saft

молоко

de Melk

кока-кола

de Cola

вино

de Wien

пиво

dat Beer

алкоголь

de Spriet

какао

de Kakao

чай

de Tee

кофе

de Koffie

эспрессо

de Espresso

капучино

de Cappucino

банан

de Banaan

яблоко

de Appel

апельсин

de Appelsien

арбуз

de Meloon

лимон

de Zitroon

морковь

de Wöttel

чеснок

de Knuuvlook

бамбук

de Bambus

лук

de Zibbel

гриб

de Poggenstohl

орехи

de Nööt

лапша

de Nudeln

спагетти

de Spaghetti

рис

de Ries

салат

de Salat

картофель фри

de Pommes frites

жареный картофель

de Braadkantüffeln

пицца

de Pizza

гамбургер

de Hamborger

сэндвич

dat Sandwich

шницель

dat Snitzel

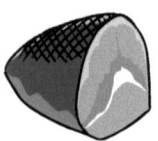

ветчина

de Schinken

салями

de Salami

колбаса

de Wust

курица

dat Hohn

жаркое

de Braden

рыба

de Fisch

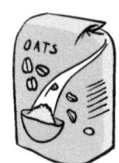

овсяные хлопья

de Haverflocken

мюсли

dat Müsli

кукурузные хлопья

de Cornflakes

мука

dat Mehl

круассан

de Croissant

булочка

dat Rundstück

хлеб

dat Broot

тост

dat Toast

печенье

de Keksen

масло

de Botter

творог

de Quark

пирог

de Koken

яйцо

dat Ei

яичница

dat Spegelei

сыр

de Kees

мороженое

de Ies

сахар

de Zucker

мёд

de Honnig

мармелад

de Marmelaad

крем с нугой

de Nougat-Creme

карри

dat Curry

ферма
de Buernhoff

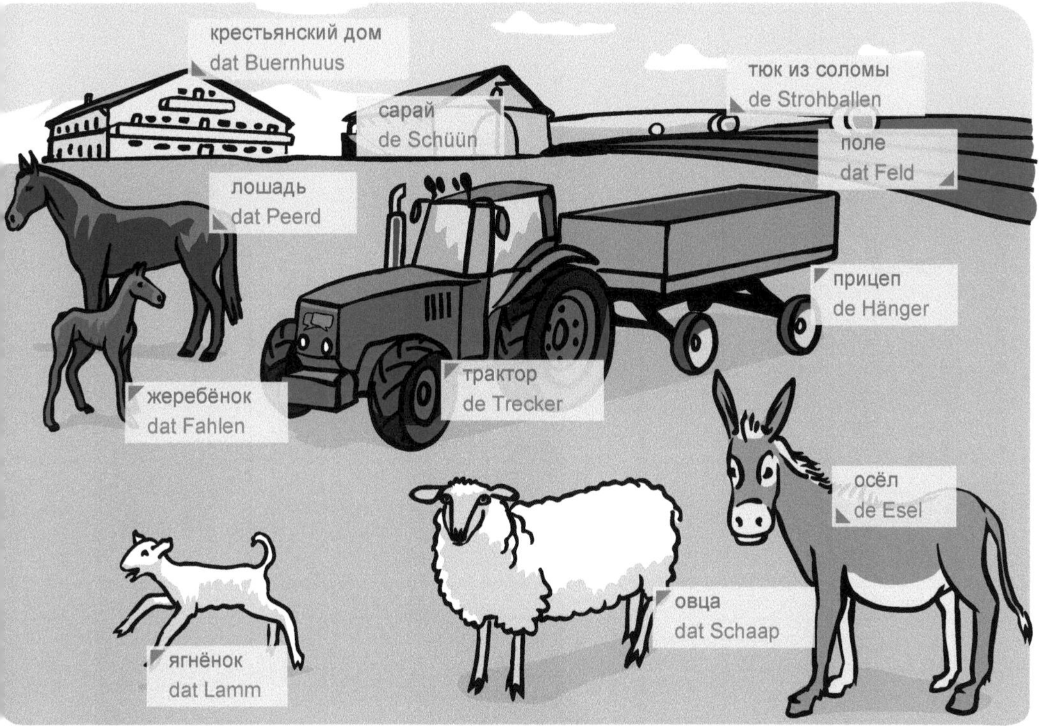

крестьянский дом
dat Buernhuus
сарай
de Schüün
тюк из соломы
de Strohballen
поле
dat Feld
лошадь
dat Peerd
прицеп
de Hänger
трактор
de Trecker
жеребёнок
dat Fahlen
осёл
de Esel
овца
dat Schaap
ягнёнок
dat Lamm

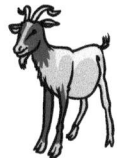

коза

de Zeeg

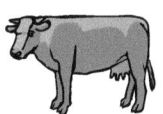

корова

de Koh

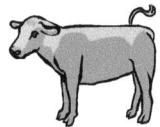

телёнок

dat Kalf

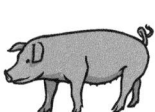

свинья

dat Swien

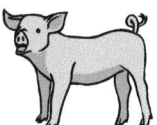

поросёнок

dat Farken

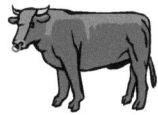

бык

de Bull

гусь

de Goos

утка

de Aant

цыплёнок

dat Küken

курица

dat Hohn

петух

de Hahn

крыса

de Rott

кошка

de Katt

мышь

de Muus

вол

de Oss

собака

de Hund

конура

de Hunnenhütt

садовый шланг

de Goornslauch

лейка

de Geetkann

коса

de Lee

плуг

de Ploog

серп

de Sich

мотыга

de Hack

навозные вилы

de Mestfork

топор

de Ext

тачка

de Schuufkoor

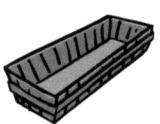

корыто

de Trog

бидон для молока

de Melkkann

мешок

de Sack

забор

de Tuun

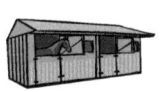

хлев

de Stall

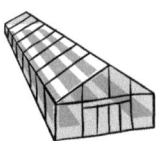

теплица

dat Drievhuus

почва

de Bodden

посев

de Saat

удобрение

de Dünger

комбайн

de Meihdöscher

собирать урожай

oornen

урожай

de Oorn

ямс

de Yamswöttel

пшеница

de Weten

соя

dat Soja

картофель

de Kantüffel

кукуруза

de Törksche Weten

рапс

de Rapp

фруктовое дерево

de Aaftboom

маниок

de Troopsch Kantüffel

злаки

dat Koorn

дом
dat Huus

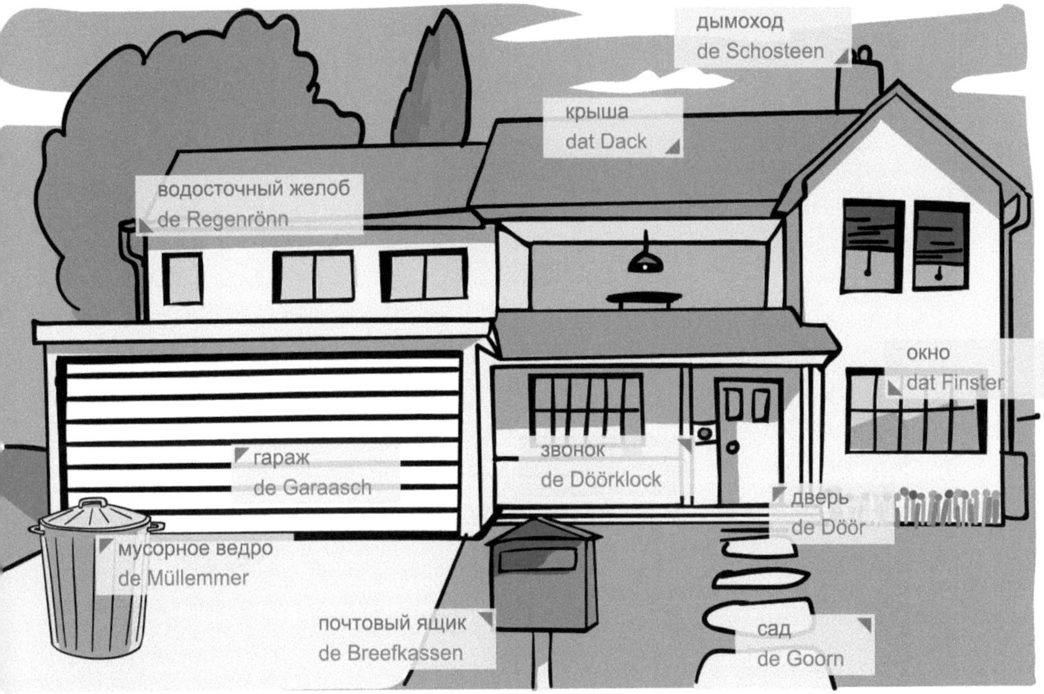

дымоход
de Schosteen
крыша
dat Dack
водосточный желоб
de Regenrönn
окно
dat Finster
гараж
de Garaasch
звонок
de Döörklock
дверь
de Döör
мусорное ведро
de Müllemmer
почтовый ящик
de Breefkassen
сад
de Goorn

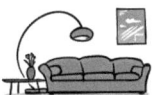

гостиная

de Wahnstuuv

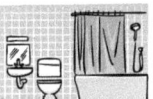

ванная комната

de Baadstuuv

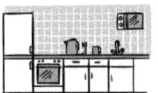

кухня

de Köök

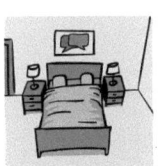

спальня

de Slaapstuuv

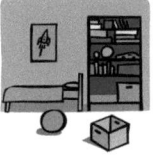

детская комната

de Kinnerstuuv

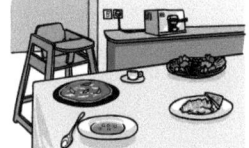

столовая

de Eetstuuv

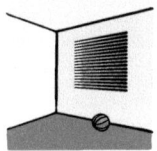

пол

de Footbodden

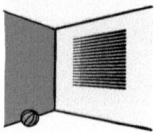

стена

de Wand

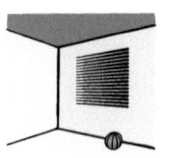

потолок

de Deek

подвал

de Keller

сауна

dat Hittluftbad

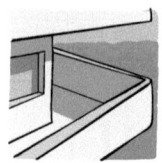

балкон

de Balkon

терраса

de Terrass

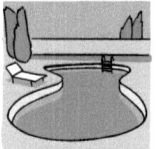

бассейн

dat Swümmbad

газонокосилка

de Rasenmeiher

пододеяльник

de Bettbetog

покрывало

de Bettdeek

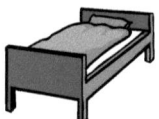

кровать

de Puuch

метла

de Bessen

ведро

de Emmer

выключатель

de Schalter

гостиная
de Wahnstuuv

обои
de Tapeet
рисунок
dat Bild
лампа
de Lamp
полка
dat Regal
шкаф
dat Schapp
телевизор
de Kiekkassen
камин
de Kamin
цветок
de Bloom
подушка
dat Küssen
диван
dat Sofa
ваза
de Vaas
пульт дистанционного управления
de Feernbedenen

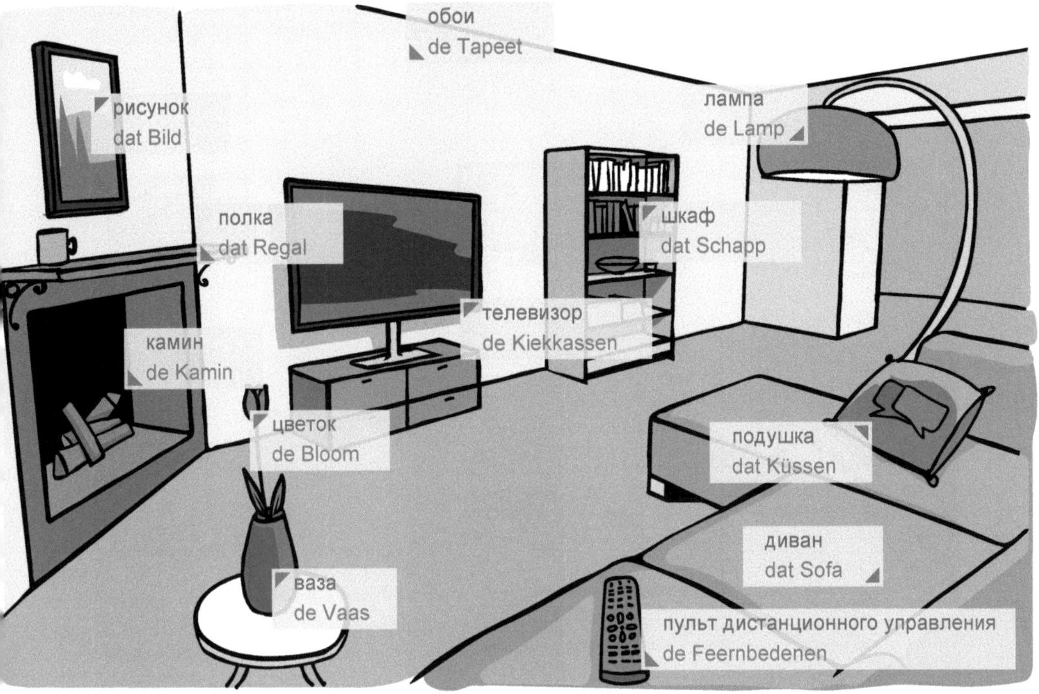

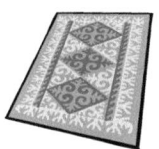

ковёр

de Teppich

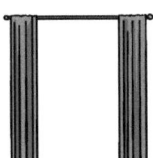

штора

de Vörhang

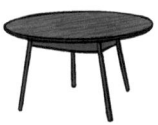

стол

de Disch

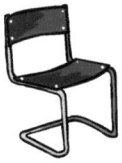

стул

de Stohl

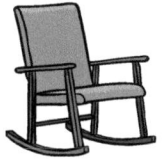

кресло-качалка

de Schuckelstohl

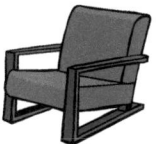

кресло

de Sessel

книга

dat Book

покрывало

de Deek

украшение

de Dekoratschoon

дрова

dat Füerholt

фильм

de Film

стереосистема

de Stereoanlaag

ключ

de Slötel

газета

dat Narichtenblatt

картина

dat Gemälde

плакат

dat Poster

радио

dat Radio

блокнот

de Opschrievblock

пылесос

de Huulbessen

кактус

de Kaktus

свеча

de Kars

кухня
de Köök

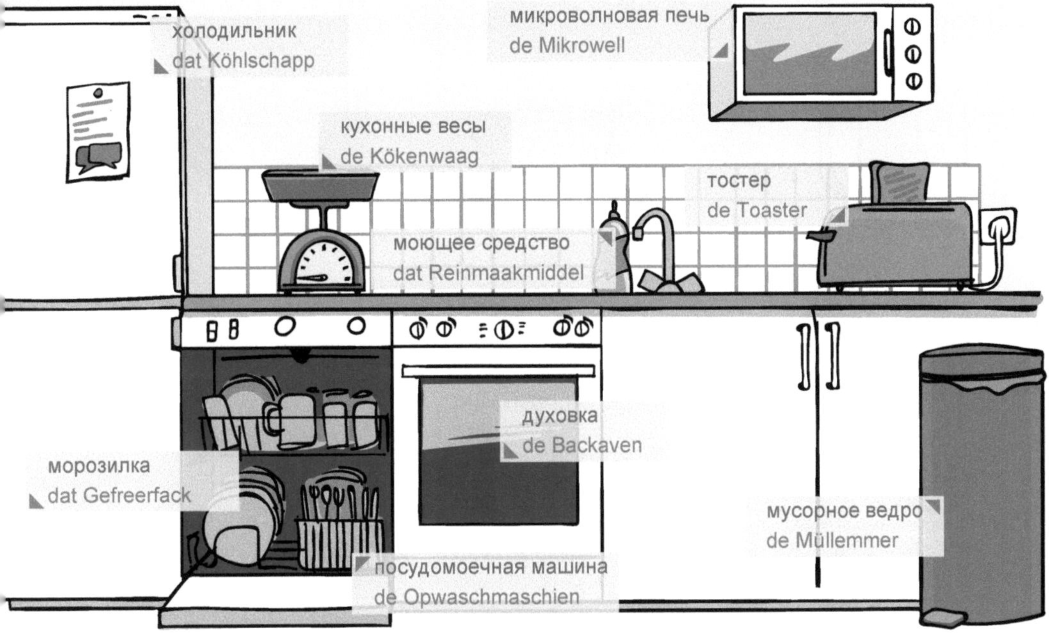
холодильник
dat Köhlschapp
микроволновая печь
de Mikrowell
кухонные весы
de Kökenwaag
тостер
de Toaster
моющее средство
dat Reinmaakmiddel
духовка
de Backaven
морозилка
dat Gefreerfack
мусорное ведро
de Müllemmer
посудомоечная машина
de Opwaschmaschien

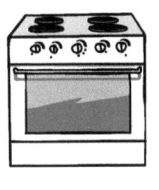

плита

de Heerd

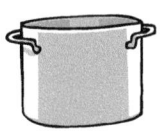

кастрюля

de Pott

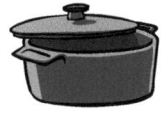

чугунный котелок

de Gussiesern Putt

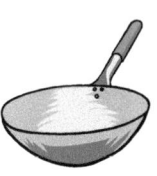

вок / кадай

de Wok / Kadai

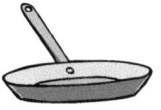

сковорода

de Pann

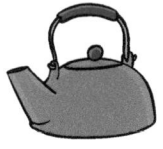

чайник

de Waterkaker

пароварка

de Dampkaakputt

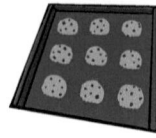

противень

dat Backblick

посуда

dat Geschirr

кружка

de Beker

миска

de Schaal

палочки для еды

de Eetsticken

половник

de Suppenkell

лопатка

de Pannenwenner

сбивалка

de Sneebessen

сито

dat Kaakseef

сито

dat Seef

тёрка

de Riev

ступка

de Mörser

гриль

de Grill

костёр

de Füerstell

доска

dat Sniedbrett

скалка

dat Nudelholt

штопор

de Proppentrecker

жестяная банка

de Doos

консервный нож

de Dosenaapner

прихватка

de Pottlappen

раковина

dat Waschbecken

щетка

de Böst

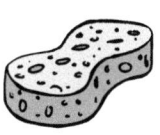

губка

de Swamm

миксер

de Mixer

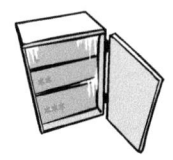

морозильная камера

dat Iesschapp

бутылочка для кормления

de Nuckelbuddel

кран

de Waterhahn

кухня - de Köök

ванная комната

de Baadstuuv

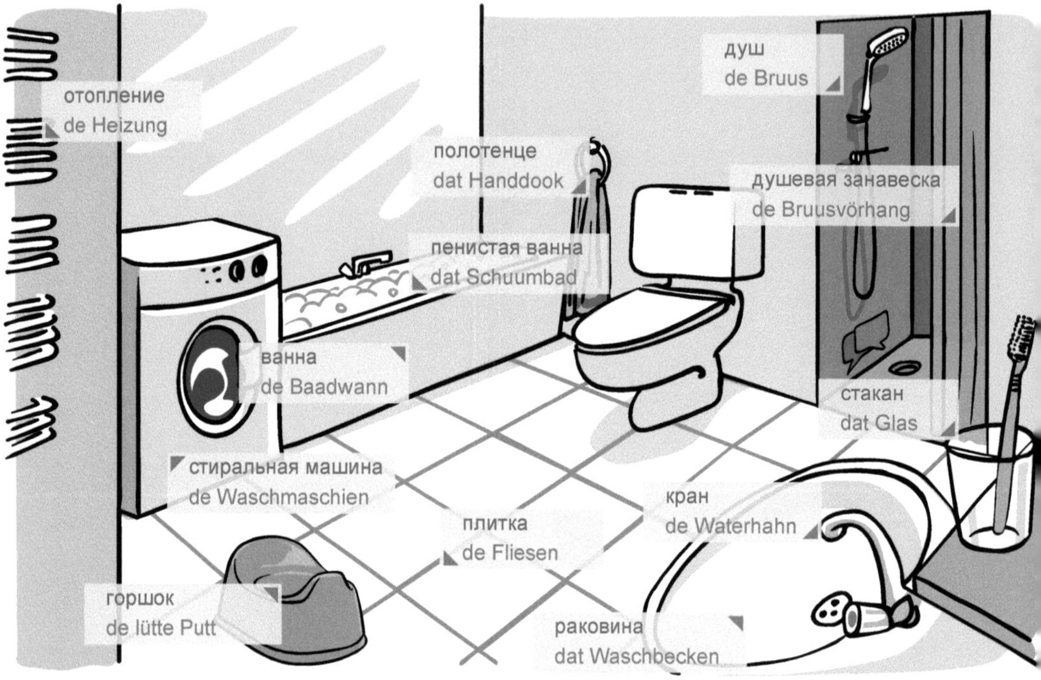
душ
de Bruus
отопление
de Heizung
полотенце
dat Handdook
душевая занавеска
de Bruusvörhang
пенистая ванна
dat Schuumbad
ванна
de Baadwann
стакан
dat Glas
стиральная машина
de Waschmaschien
кран
de Waterhahn
плитка
de Fliesen
горшок
de lütte Putt
раковина
dat Waschbecken

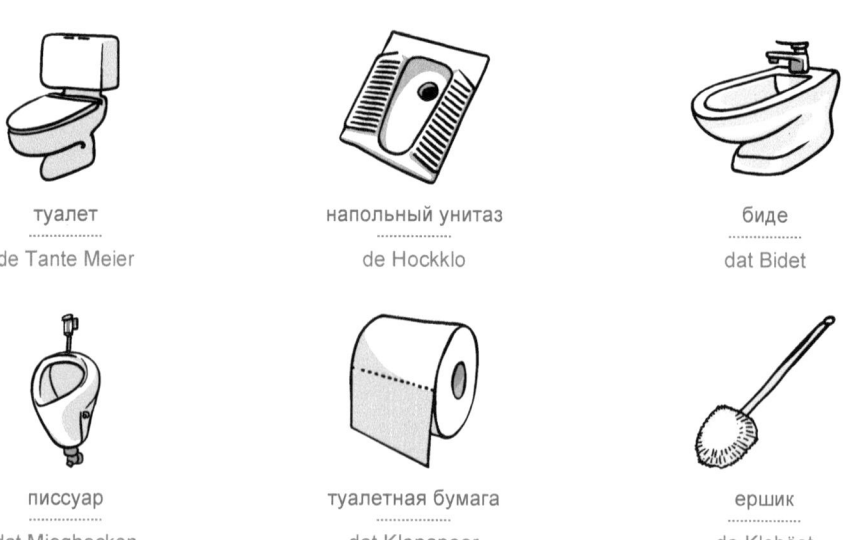

туалет

de Tante Meier

напольный унитаз

de Hockklo

биде

dat Bidet

писсуар

dat Miegbecken

туалетная бумага

dat Klopapeer

ершик

de Klobööst

зубная щетка

de Tähnböst

зубная паста

de Tähnpast

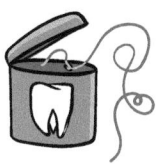

зубная нить

de Tähnsied

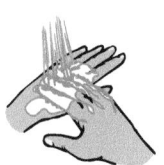

мыть

waschen

ручной душ

de Handbruus

интимный душ

de Intimbruus

таз

de Waschschöttel

щетка для спины

de Rüchböst

мыло

de Seep

гель для душа

dat Bruusgeel

шампунь

dat Hoorwaschmiddel

мочалка

de Waschlappen

сток

de Afloop

крем

de Creme

дезодорант

dat Deodorant

зеркало

de Spegel

ручное зеркало

de Kosmetikspegel

бритва

de Raserer

пена для бритья

de Raseerschuum

лосьон после бритья

dat Raseerwater

расческа

de Kamm

щетка

de Böst

фен

de Hoordröger

лак для волос

dat Hoorspray

косметика

de Smink

губная помада

de Lippensticken

лак для ногтей

de Nagellack

вата

de Watt

маникюрные ножницы

de Nagelscheer

духи

dat Rüükwater

косметичка
....
de Kulturbüdel

табуретка
....
de Schemel

весы
....
de Waag

халат
....
de Baadmantel

резиновые перчатки
....
de Gummihanschen

тампон
....
de Tampon

гигиеническая прокладка
....
de Damenbinn

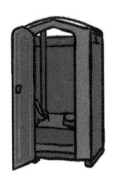

биотуалет
....
dat Chemieklo

детская комната

de Kinnerstuuv

будильник
de Wecker
мягкая игрушка
dat Knudeldeert
игрушечный автомобиль
dat Speeltüüchauto
погремушка
de Klöter
кукольный домик
dat Poppenhuus
подарок
dat Geschenk

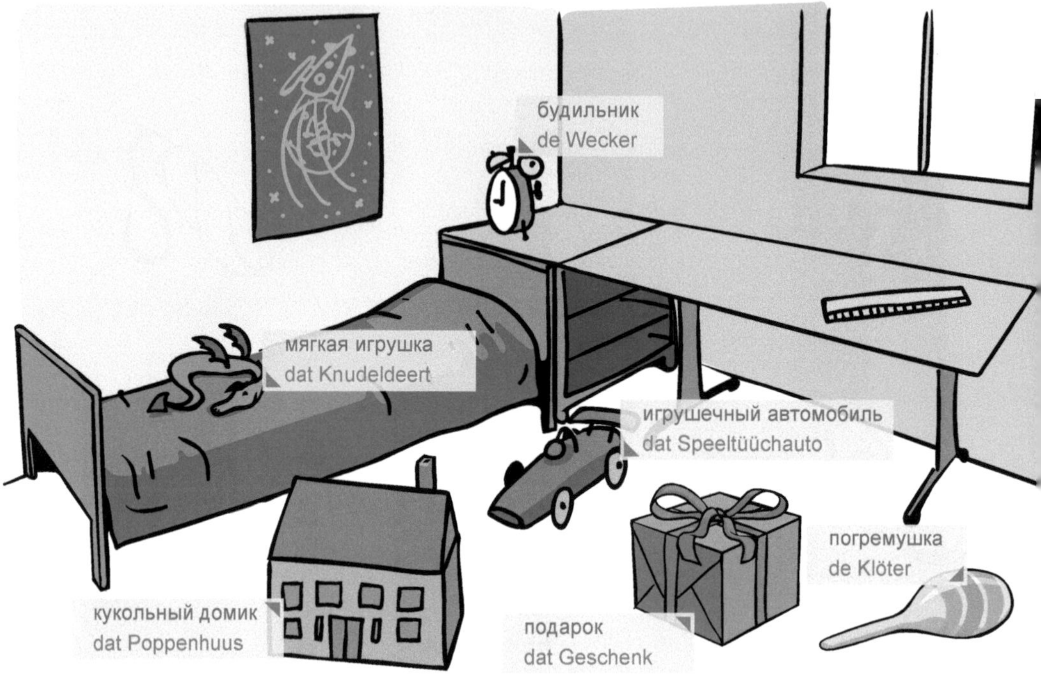

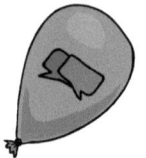

воздушный шар
de Luftballon

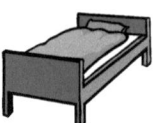

кровать
de Puuch

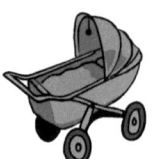

детская коляска
de Kinnerwagen

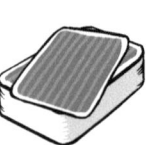

карточная игра
dat Koortenspeel

пазл
dat Puzzle

SUPER
MEGA

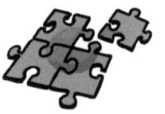

комикс
de Billergeschicht

кирпичики Лего

de Legostenen

кубики

de Bustenen

игрушечная фигурка

de Action-Figur

ползунки

de Strampelantog

фрисби

de Frisbeeschiev

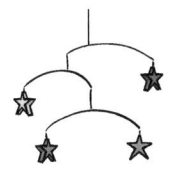

мобиле

dat Mobile

настольная игра

dat Brettspeel

кубик

de Wörpel

модель железной дороги

de Modelliesenbahn

соска

de Snuller

вечеринка

de Party

книга с картинками

dat Billerbook

мяч

de Ball

кукла

de Popp

играть

spelen

песочница

de Sandkassen

качели

de Schuckel

игрушка

dat Speeltüüch

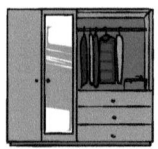

игровая приставка

de Speelkonsool

трёхколесный велосипед

dat Dreerad

плюшевый медвежонок

de Teddyboor

шкаф для одежды

dat Klederschapp

одежда

dat Tüüch

носки

de Socken

чулки

de Strümp

колготки

de Strumpbüx

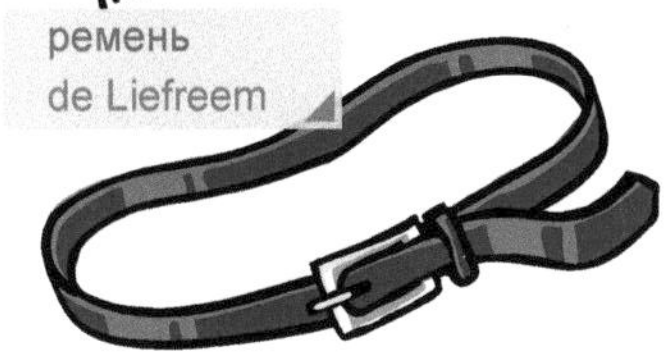

шарф
dat Halsdook

зонтик
de Paraplü

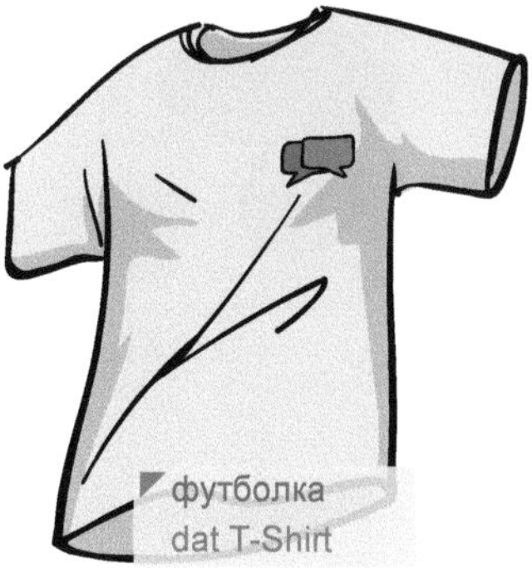

ремень
de Liefreem

футболка
dat T-Shirt

кроссовки
de Turnschoh

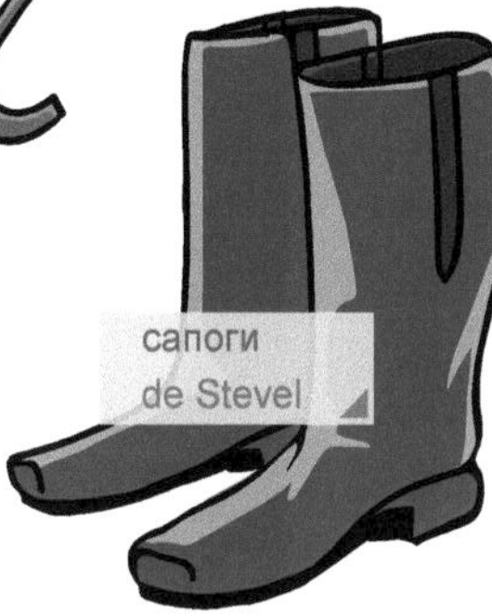

сапоги
de Stevel

тапки
de Puuschen

сандалии
de Sandalen

ботинки
de Schoh

резиновые сапоги
de Gummistevel

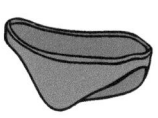

трусы
de Ünnerbüx

бюстгальтер
de Bostholler

майка
dat Ünnerhemd

боди
de Lief

брюки
de Büx

джинсы
de Jeansnüx

юбка
de Rock

блузка
de Bluus

рубашка
dat Hemd

свитер
de Pullover

свитер
de Kapuzenpullover

спортивная куртка
de Blazer

жакет
de Jack

пальто
de Mantel

плащ
de Övertrecker

костюм
dat Kostüm

платье
dat Kleed

свадебное платье
dat Hochtietskleed

мужской костюм

de Antog

ночная сорочка

dat Nachtkleed

пижама

de Slaapantog

сари

de Sari

платок

dat Koppdook

тюрбан

de Turban

паранджа

de Burka

кафтан

de Kaftan

абайя

de Abaya

купальник

de Baadantog

плавки

de Baadbüx

шорты

de Korte Büx

спортивный костюм

de Antog to'n Öven

фартук

de Schört

перчатки

de Handschoh

пуговица

de Knopp

очки

de Brill

браслет

dat Armband

цепочка

de Halskeed

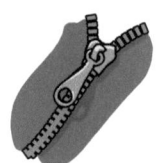

кольцо

de Ring

серьга

de Ohrbummel

шапка

de Mütz

вешалка

de Klederbögel

шляпа

de Hoot

галстук

de Binner

застежка молния

de Rietslüter

шлем

de Helm

подтяжки

dat Drachtband

школьная форма

de Schooluniform

форма

de Uniform

детский нагрудник
....
de Severböten

соска
....
de Snuller

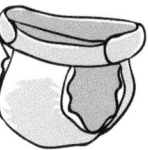

подгузник
....
de Winnel

офис
dat Büro

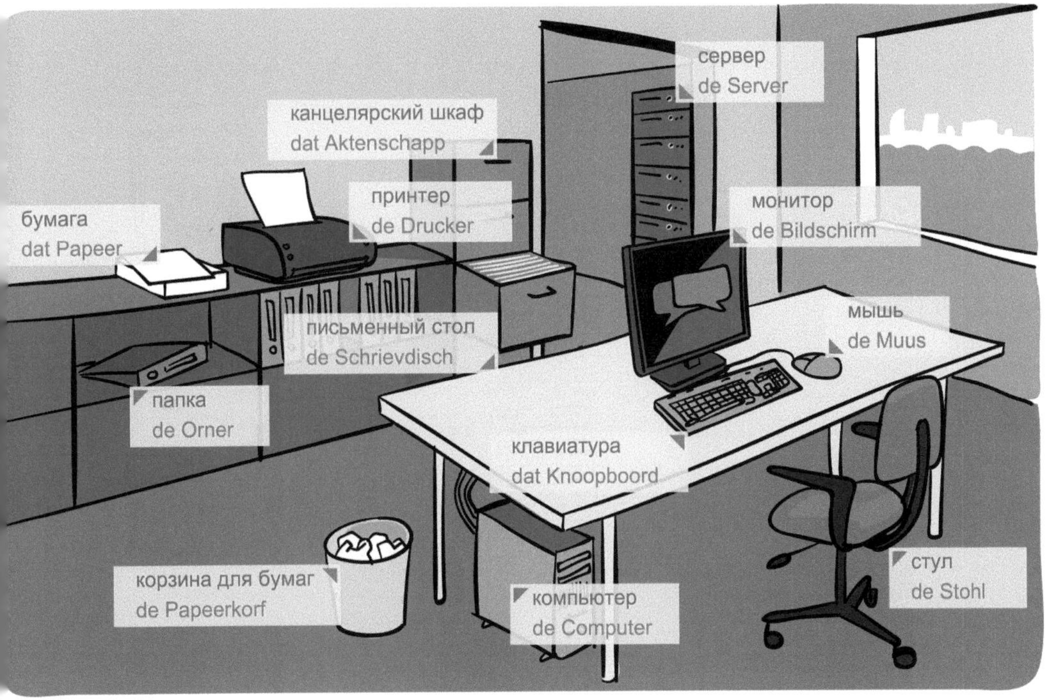

кофейная кружка
....
de Koffiebeker

калькулятор
....
de Taschenreekner

интернет
....
dat Internet

ноутбук

de Klappreekner

письмо

de Breef

сообщение

de Naricht

мобильный телефон

de Ackersnacker

сеть

dat Nettwark

ксерокс

de Kopeerapparat

программа

de Software

телефон

de Klöönkassen

розетка

de Steekdoos

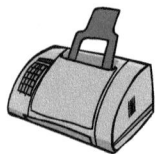

факс

de Faxapparat

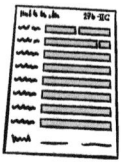

формуляр

dat Formulor

документ

dat Dokument

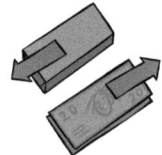

покупать

köpen

платить

betahlen

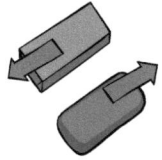

торговать

hanneln

деньги

dat Geld

доллар

de Dollar

евро

de Euro

иена

de Yen

рубль

de Ruvel

франк

de Swiezer Franken

жэньминьби юань

de Renminbi Yuan

рупия

de Rupie

банкомат

de Geldautomat

пункт обмена валюты

de Wesselstuuv

золото

dat Gold

серебро

dat Sülver

нефть

dat Ööl

энергия

de Energie

цена

de Pries

договор

de Verdrag

налог

de Stüer

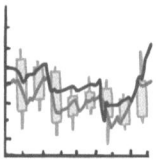

акция

de Andeelschien

работать

arbeiden

служащий

de Anstellte

работодатель

de Arbeitgever

фабрика

de Fabrik

магазин

de Hökerie

профессии
de Profeschonen

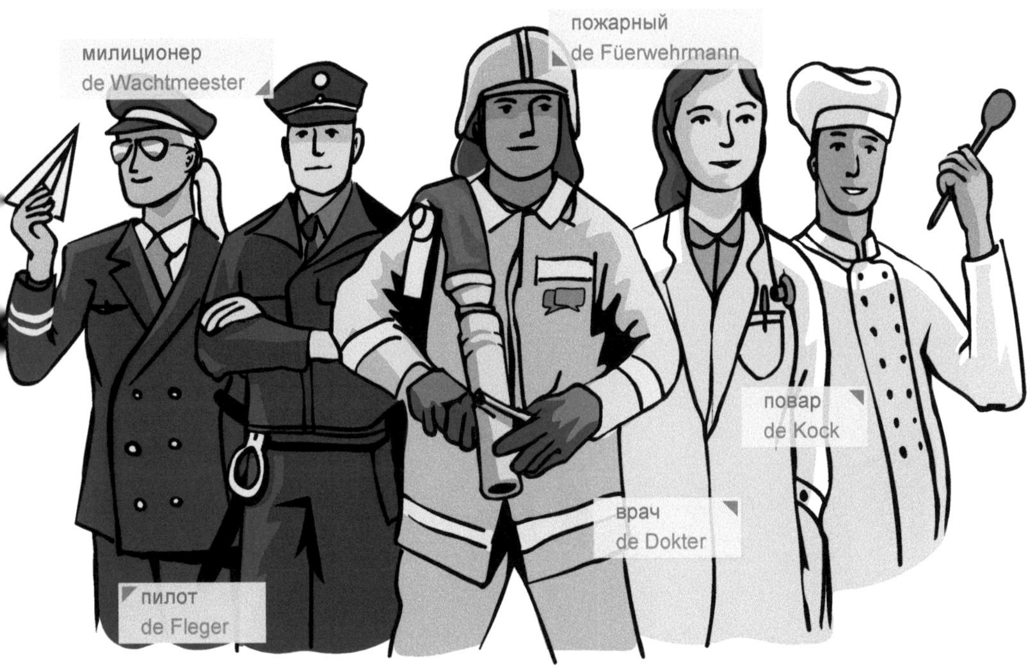
милиционер
de Wachtmeester
пожарный
de Füerwehrmann
повар
de Kock
врач
de Dokter
пилот
de Fleger

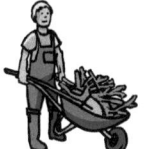

садовник

de Goorner

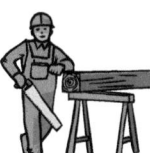

столяр

de Discher

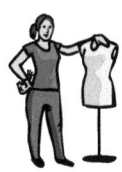

швея

de Neihersche

судья

de Richter

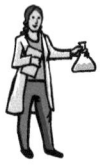

химик

de Chemiker

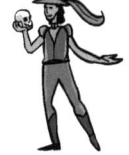

актёр

de Schauspeler

водитель автобуса

de Busfohrer

таксист

de Taxifohrer

рыбак

de Fischer

уборщица

de Reinmaakfru

кровельщик

de Dackdecker

официант

de Kellner

охотник

de Jäger

художник

de Maler

пекарь

de Bäcker

электрик

de Elektriker

строитель

de Buarbeider

инженер

de Ingenieur

мясник

de Slachter

сантехник

de Klempner

почтальон

de Postbüdel

солдат

de Suldat

архитектор

de Architekt

кассир

de Kasserer

флорист

de Florist

парикмахер

de Putzbüdel

кондуктор

de Schaffner

механик

de Mechaniker

капитан

de Kaptein

зубной врач

de Tähndokter

ученый

de Wetenschopler

раввин

de Rabbi

имам

de Imam

монах

de Mönk

священник

de Paap

инструменты
dat Warktüüch

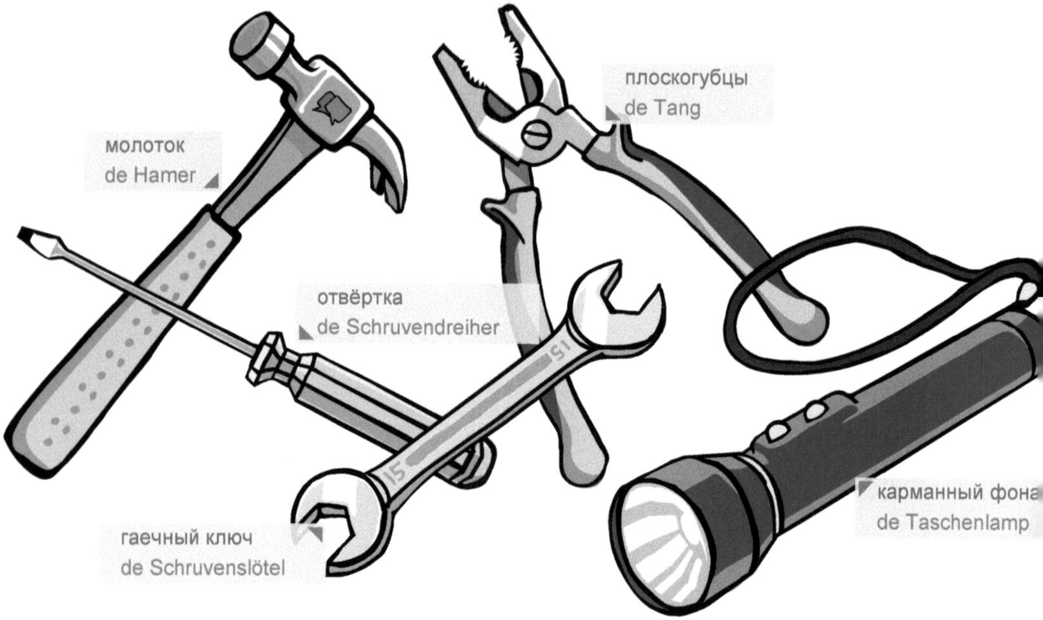
плоскогубцы
de Tang
молоток
de Hamer
отвёртка
de Schruvendreiher
гаечный ключ
de Schruvenslötel
карманный фона
de Taschenlamp

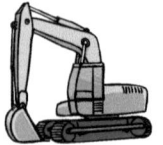

экскаватор

de Grieper

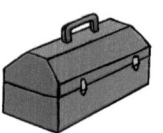

ящик для инструментов

de Warktüüchkassen

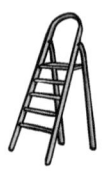

стремянка

de Ledder

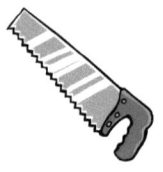

пила

de Saag

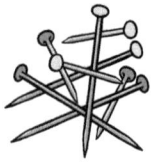

гвозди

de Nagels

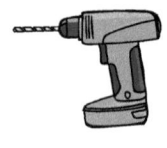

дрель

de Bohrer

ремонтировать	лопата	Блин!
heelmaken	de Schüffel	Schiet!

совок	ведро с краской	винты
dat Kehrblick	de Farvpott	de Schruven

музыкальные инструменты
de Musikinstrumenten

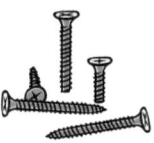

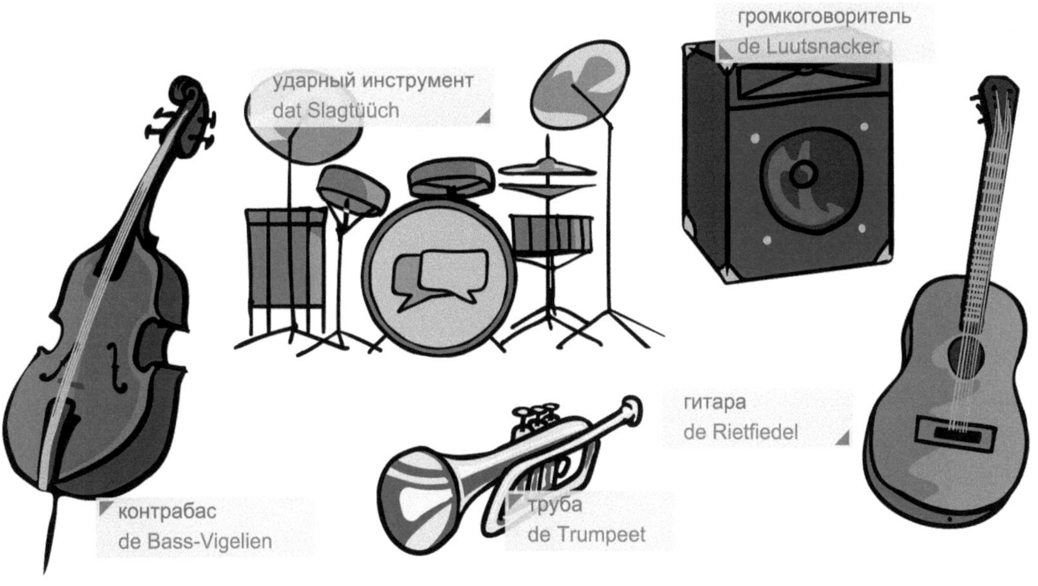

громкоговоритель
de Luutsnacker

ударный инструмент
dat Slagtüüch

гитара
de Rietfiedel

контрабас
de Bass-Vigelien

труба
de Trumpeet

пианино

dat Klaveer

скрипка

de Vigelien

бас-гитара

de Bass

литавры

de Pauk

барабан

de Trummeln

синтезатор

dat Keyboard

саксофон

dat Saxophon

флейта

de Fleut

микрофон

dat Mikrofoon

зоопарк

de Deertenpark

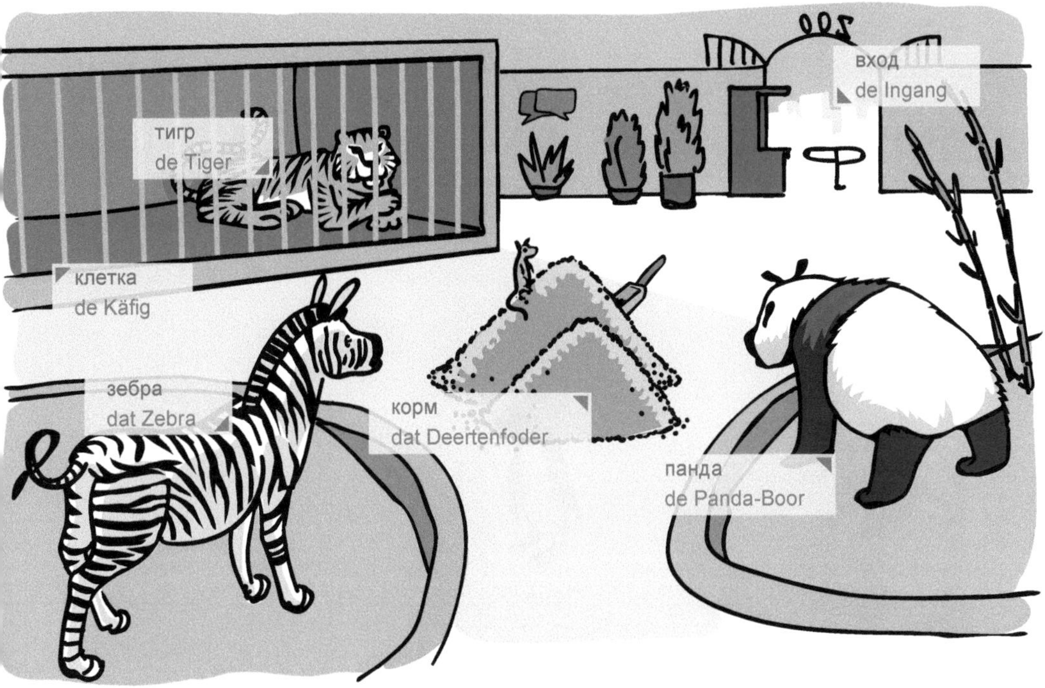

вход
de Ingang
тигр
de Tiger
клетка
de Käfig
зебра
dat Zebra
корм
dat Deertenfoder
панда
de Panda-Boor

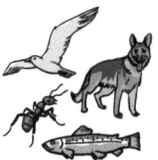

животные

de Deerten

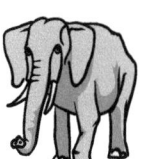

слон

de Elefant

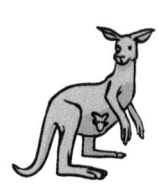

кенгуру

dat Känguru

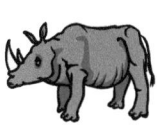

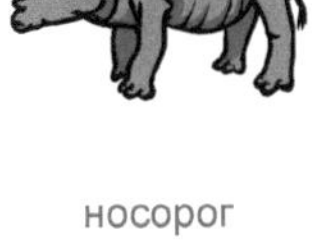

носорог

dat Neeshoorn

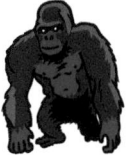

горилла

de Gorilla

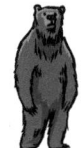

медведь

de Boor

верблюд

dat Kameel

страус

de Struuß

лев

de Lööv

обезьяна

de Aap

фламинго

de Flamingo

попугай

de Papagoi

белый медведь

de Iesboor

пингвин

de Pinguin

акула

de Haifisch

павлин

de Pageluun

змея

de Slang

крокодил

dat Krokodil

служитель зоопарка

de Oppasser in'n
Deertenpark

тюлень

de Saalhund

ягуар

de Jaguor

пони

dat Pony

леопард

de Leopard

бегемот

dat Nilpeerd

жираф

de Giraff

орёл

de Aadler

кабан

dat Wildswien

рыба

de Fisch

черепаха

de Schildkrööt

морж

dat Walross

лиса

de Voss

газель

de Gazell

американский футбол
de Amerikaansch Football

езда на велосипеде
dat Radfohren

теннис
dat Tennis

баскетбол
de Korfball

плавание
dat Swümmen

бокс
dat Boxen

хоккей
dat Ieshockey

футбол
de Football

бадминтон
dat Fedderball

лёгкая атлетика
de Leichtathletik

гандбол
de Handball

лыжный спорт
dat Skilopen

поло
dat Polo

действия

de Aktivitäten

смеяться
lachen
прыгать
springen
обнимать
ümarmen
идти
gahn
петь
singen
мечтать
drömen
молиться
beden
целовать
snuteln

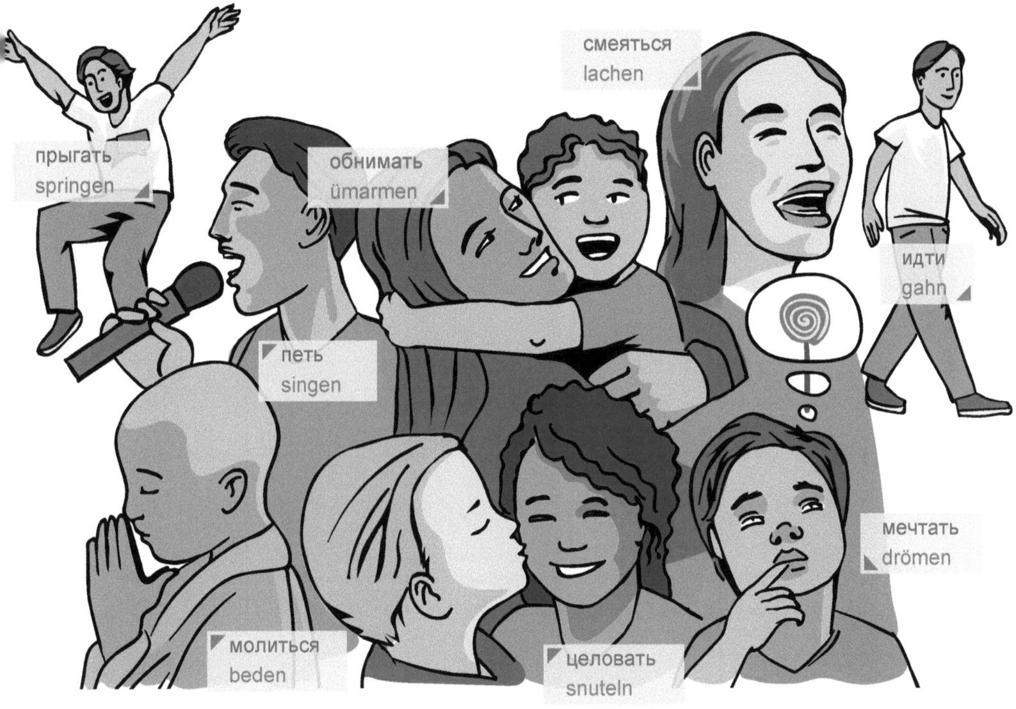

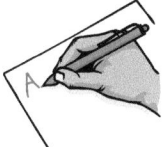

писать

schrieven

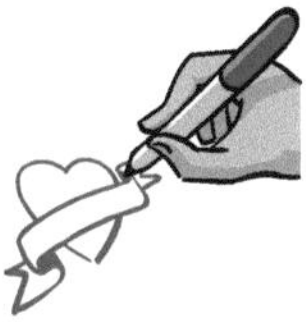

рисовать

teken

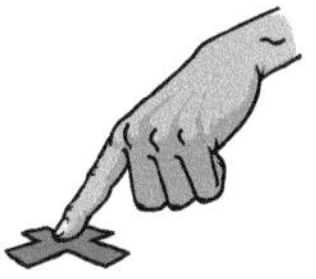

показывать

wiesen

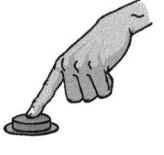

нажимать

drücken

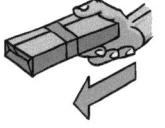

давать

geven

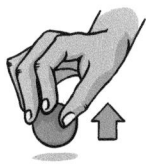

брать

nehmen

иметь
hebben

делать
doon

быть
sien

стоять
stahn

бежать
lopen

тянуть
trecken

бросать
smieten

падать
fallen

лежать
liggen

ждать
töven

носить
dregen

сидеть
sitten

надевать
antrecken

спать
slapen

просыпаться
opwaken

рассматривать

ankieken

плакать

wenen

гладить

eien

причесывать

kämmen

говорить

snacken

понимать

verstahn

спрашивать

fragen

слушать

hören

пить

drinken

кушать

eten

наводить порядок

oprümen

любить

leefhebben

готовить

kaken

ехать

fohren

летать

flegen

ходить под парусом

segeln

считать

reken

читать

lesen

учиться

lehren

работать

arbeiden

вступать в брак

de Plünnen tohoopsmieten

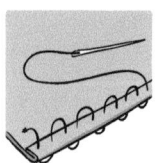

шить

neihen

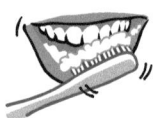

чистить зубы

Tähnen putzen

убивать

dootmaken

курить

smöken

отправлять

schicken

семья
de Familje

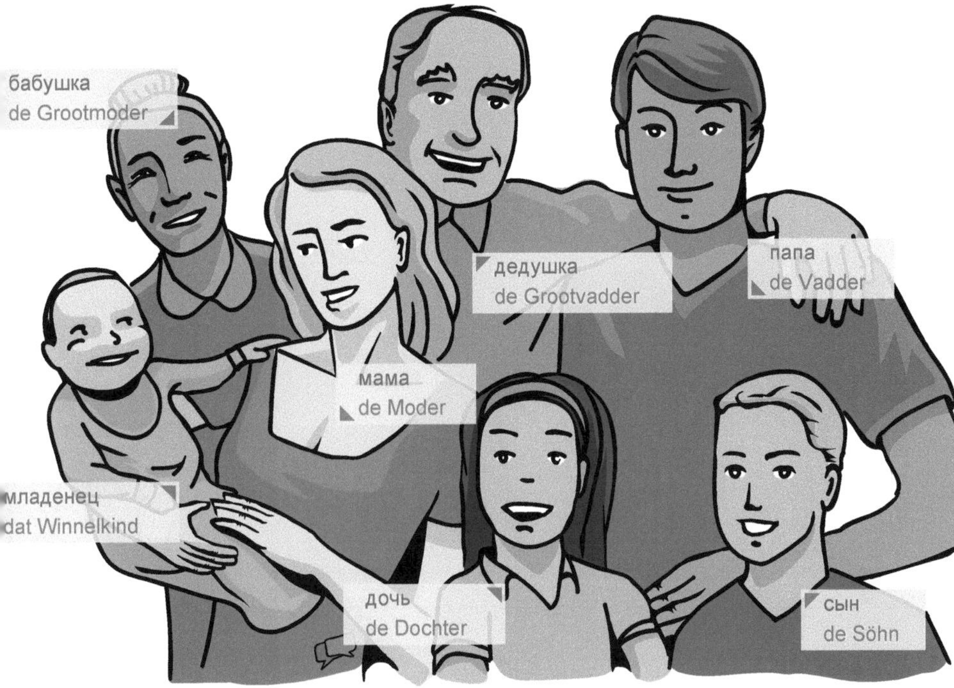
бабушка
de Grootmoder
дедушка
de Grootvadder
папа
de Vadder
мама
de Moder
младенец
dat Winnelkind
дочь
de Dochter
сын
de Söhn

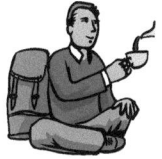

гость

de Gast

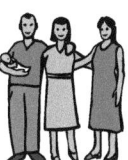

тетя

de Tant

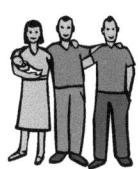

дядя

de Unkel

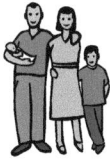

брат

de Broder

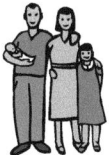

сестра

de Süster

тело

de Lief

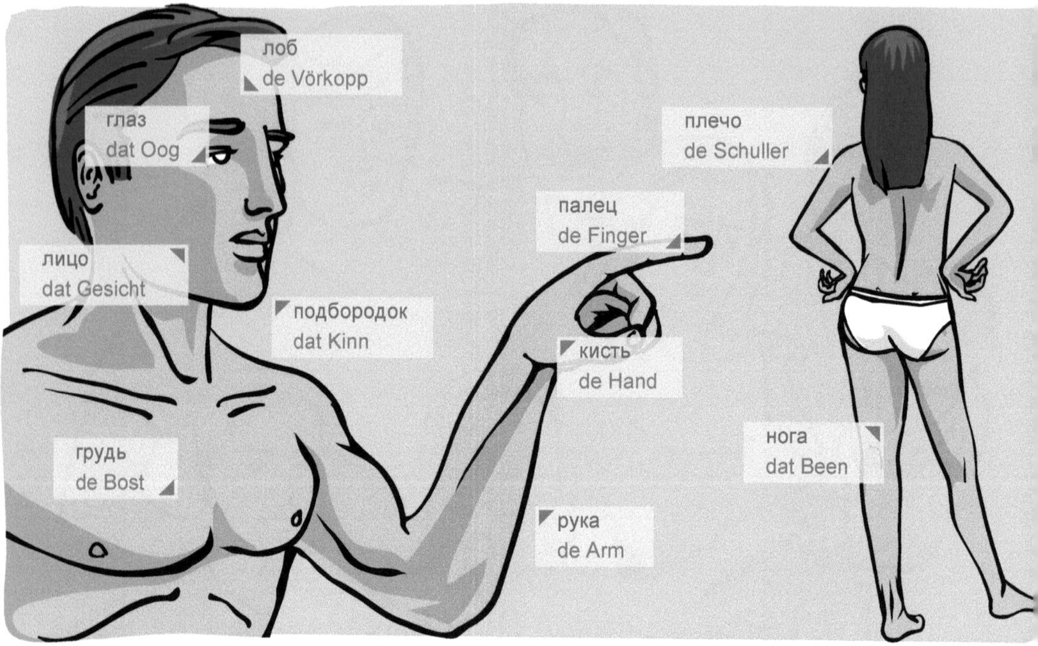

лоб
de Vörkopp

глаз
dat Oog

плечо
de Schuller

палец
de Finger

лицо
dat Gesicht

подбородок
dat Kinn

кисть
de Hand

грудь
de Bost

нога
dat Been

рука
de Arm

младенец

dat Winnelkind

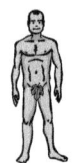

мужчина

de Mann

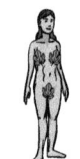

женщина

de Fro

девочка

de Deern

мальчик

de Jung

голова

de Arm

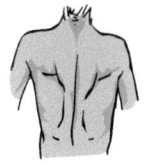

спина

de Rüch

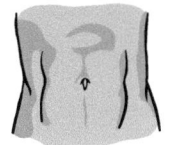

живот

de Buuk

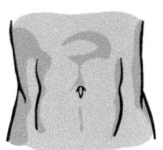

пупок

de Navel

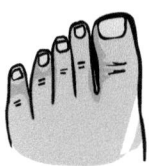

палец ноги

de Teh

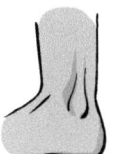

пятка

de Hack

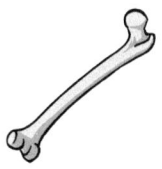

кость

de Knaken

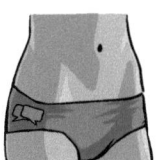

бедро

de Hüft

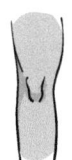

колено

dat Knee

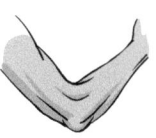

локоть

de Ellbagen

нос

de Nees

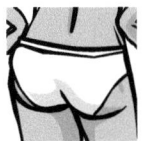

ягодицы

de Achtersen

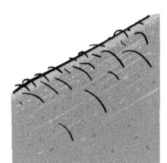

кожа

de Huut

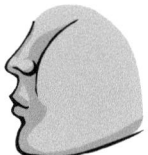

щека

de Back

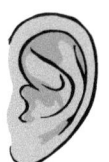

ухо

dat Ohr

губа

de Lipp

тело - de Lief

69

рот

de Mund

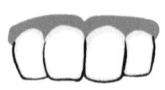

зуб

de Tähn

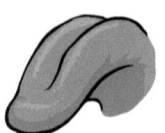

язык

de Tung

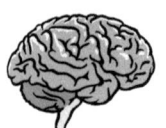

мозг

de Bregen

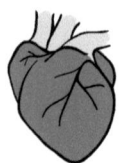

сердце

dat Hart

мышца

de Muskel

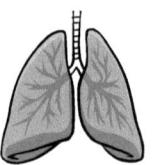

лёгкое

de Lung

печень

de Lever

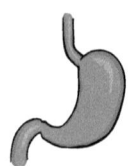

желудок

de Maag

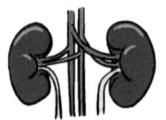

почки

de Neren

половой акт

de Bislaap

презерватив

dat Kondoom

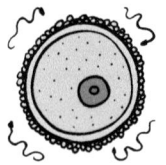

яйцеклетка

de Eizell

сперма

dat Sperma

беременность

de Anner Ümstänn

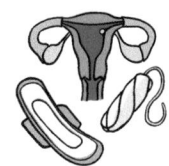

менструация
....
de Menstruatschoon

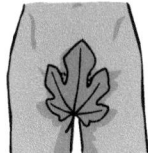

вагина
....
de Scheed

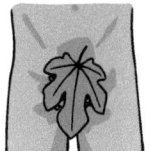

пенис
....
de Pint

бровь
....
de Ogenbroe

волосы
....
dat Hoor

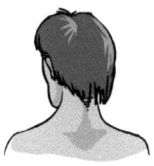

шея
....
de Hals

больница
dat Krankenhuus

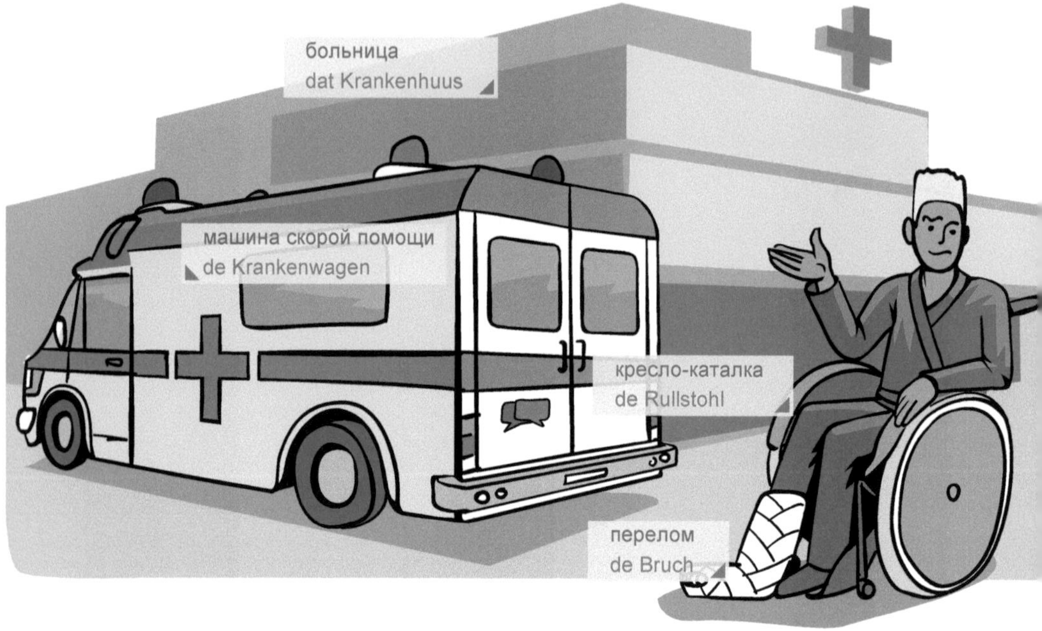

больница
dat Krankenhuus
машина скорой помощи
de Krankenwagen
кресло-каталка
de Rullstohl
перелом
de Bruch

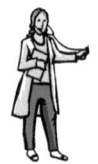

врач

de Dokter

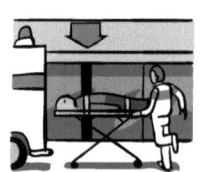

пункт первой помощи

de Nootopnahm

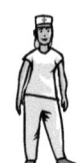

медсестра

de Krankensüster

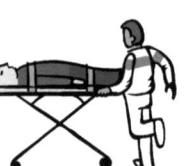

неотложный случай

de Nootfall

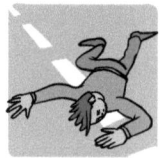

без сознания

ahnmächtig

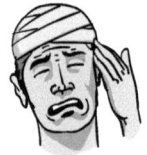

боль

de Wehdaag

повреждение

de Verwunnen

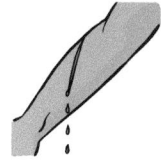

кровотечение

de Blöden

инфаркт

de Hartinfarkt

инсульт

de Slaganfall

аллергия

de Allergie

кашель

de Hoosten

повышенная температура

dat Fever

грипп

de Gripp

понос

de Dörchfall

головная боль

de Koppwehdaag

рак

de Kreeft

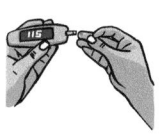

диабет

de Zuckersüük

хирург

de Chirurg

скальпель

dat Chirurgsch Mess

операция

de Operatschoon

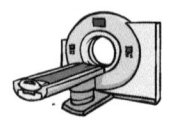

КТ

dat CT

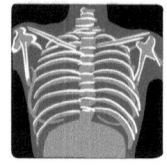

рентген

de Dörchlüchten

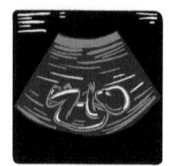

ультразвук

de Ultraschall

маска

de Mask

болезнь

de Krankheit

приёмная

de Töövruum

костыль

de Krück

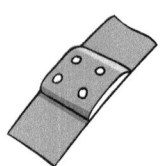

пластырь

dat Plaaster

бинт

de Verband

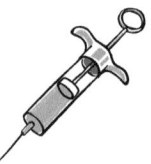

укол

de Insprütten

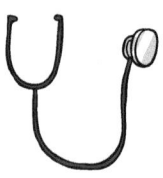

стетоскоп

dat Stethoskop

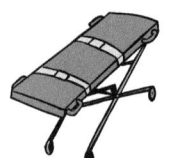

носилки

de Draag

термометр

dat Feverthermometer

рождение

de Geboort

избыточный вес

dat Övergewicht

слуховой аппарат

de Höörapparat

дезинфекционное средство

dat Kiemfriemiddel

инфекция

de Ansteken

вирус

de Virus

ВИЧ / СПИД

dat HIV / AIDS

лекарство

dat Heelmiddel

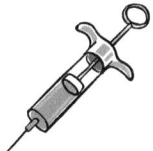

прививка

de Impen

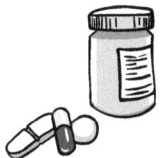

таблетки

de Tabletten

противозачаточная таблетка

de Pill

экстренный вызов

de Nootroop

прибор для измерения кровяного давления

de Blootdruck-Meter

больной / здоровый

krank / gesund

Помогите!

Hölp!

сигнал тревоги

de Alarm

нападение

de Överfall

атака

de Angreep

опасность

de Gefohr

запасной выход

de Nootutgang

Пожар!

dat Füer!

огнетушитель

de Füerlöscher

несчастный случай

de Unfall

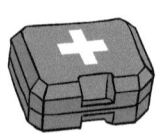

аптечка

de Noothölpkoffer

SOS

SOS

милиция

de Polizei

Европа

Europa

Северная Америка

Noordamerika

Южная Америка

Süüdamerika

Африка

Afrika

Азия

Asien

Австралия

Australien

Атлантический океан

de Atlantik

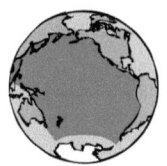

Тихий океан

de Pazifik

Индийский океан

dat Indisch Weltmeer

Антарктический океан

dat Antarktisch Weltmeer

Северный Ледовитый
океан
dat Arktisch Weltmeer

Северный полюс

de Noordpol

Южный полюс

de Süüdpol

Антарктика

de Antarktis

земля

de Eerd

суша

dat Land

море

de See

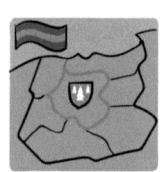

остров

dat Eiland

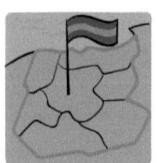

нация

de Natschoon

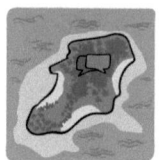

государство

de Staat

циферблат

dat Tallenblatt

часовая стрелка

de Stunnenwieser

минутная стрелка

de Minutenwieser

секундная стрелка

de Sekunnenwieser

Который час?

Wo laat is dat?

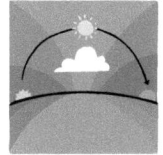

день

de Dag

время

de Tiet

сейчас

nu

электронные часы

de digetaalsch Klock

минута

de Minuut

час

de Stunn

неделя
de Week

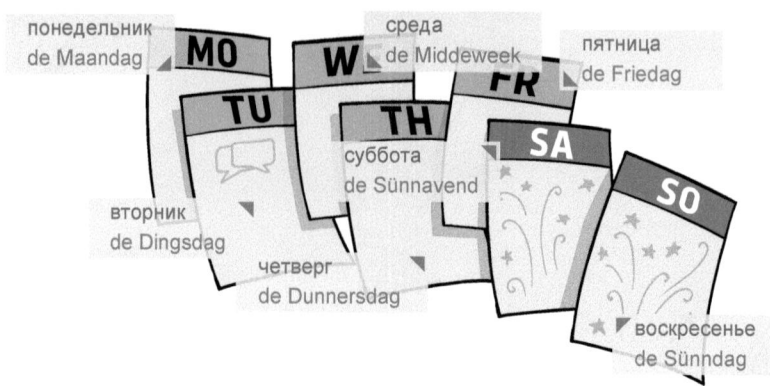

понедельник
de Maandag

среда
de Middeweek

пятница
de Friedag

вторник
de Dingsdag

четверг
de Dunnersdag

суббота
de Sünnavend

воскресенье
de Sünndag

вчера

güstern

сегодня

hüüt

завтра

morgen

утро

de Morgen

полдень

de Meddag

вечер

de Avend

рабочие дни

de Arbeitsdaag

выходные

dat Wekenenn

год

dat Johr

дождь
de Regen
радуга
de Regenbagen
ветер
de Wind
снег
de Snee
весна
dat Fröhjohr
лето
de Sommer
осень
de Harvst
зима
de Winter

4.APRIL 11°
5.APRIL 4°
6.APRIL 13°
7.APRIL 8°
8.APRIL 10°

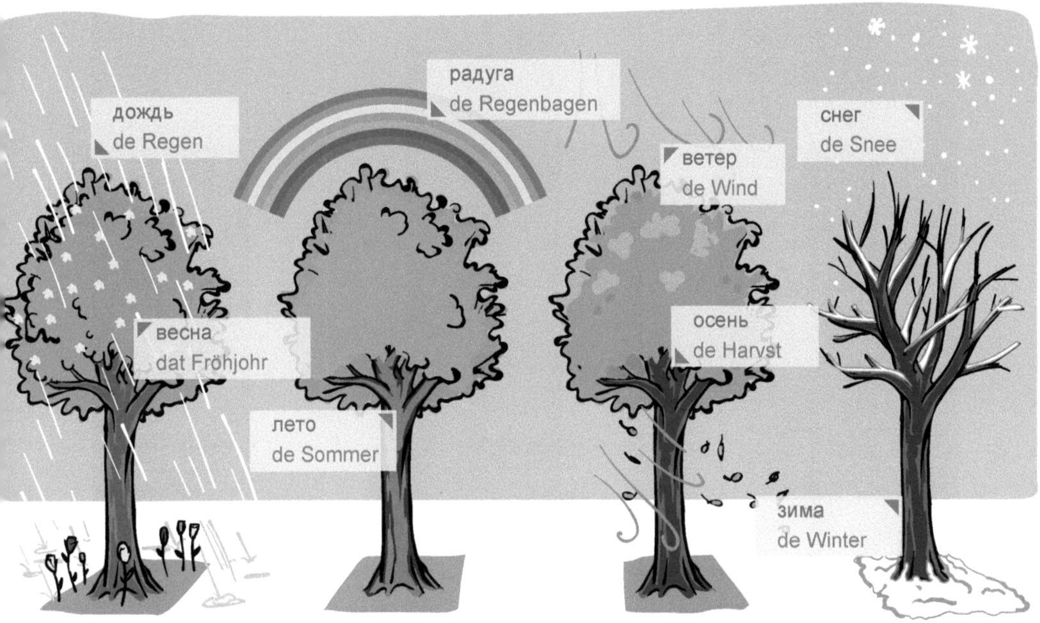

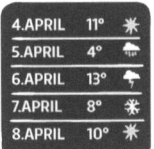

прогноз погоды

de Wedervörhersaag

F
C

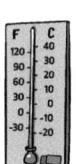

термометр

dat Thermometer

солнечный свет

de Sünnenschien

туча

de Wulk

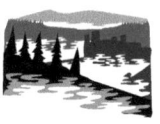

туман

de Nevel

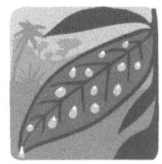

влажность воздуха

de Luftfuchtigkeit

молния

de Blitz

гром

de Dunner

буря

de Storm

град

de Hagel

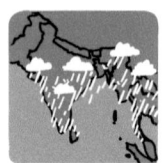

муссон

de Monsun

наводнение

de Floot

лёд

dat Ies

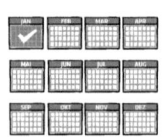

январь

de Januormaand

февраль

de Februormaand

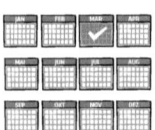

март

de Martmaand

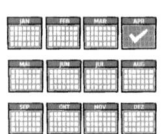

апрель

de Aprilmaand

май

de Maimaand

июнь

de Junimaand

июль

de Julimaand

август

de Augustmaand

год - dat Johr

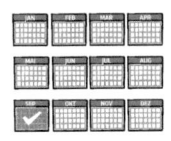

сентябрь

de Septembermaand

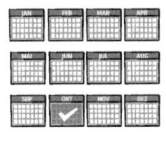

октябрь

de Oktobermaand

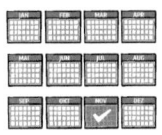

ноябрь

de Novembermaand

декабрь

de Dezembermaand

круг

de Krink

квадрат

dat Quadrat

прямоугольник

dat Rechteck

треугольник

dat Dreeeck

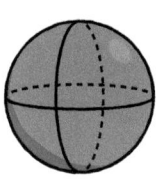

шар

de Kugel

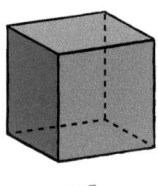

куб

de Wörpel

белый

witt

желтый

geel

оранжевый

orangsch

розовый

pink

красный

root

лиловый

lila

синий

blau

зелёный

gröön

коричневый

bruun

серый

gries

черный

swart

много / мало

veel / wenig

яростный / мирный

böös / verdreeglich

красивый / уродливый

smuck / mies

начало / конец

de Begünn / dat Enn

большой / маленький

groot / lütt

светлый / темный

hell / düüster

брат / сестра

de Broder / de Süster

чистый / грязный

schier / schietig

полный / неполный

kumpleet / nich kumpleet

день / ночь

de Dag / de Nacht

мёртвый / живой

doot / lebennig

широкий / узкий

breet / small

съедобный / несъедобный

geneetbor / nich geneetbor

злой / дружелюбный

böös / fründlich

взволнованный /
скучающий
fickerig / langwielt

толстый / худой

dick / dünn

сначала / в конце

toeerst / toletzt

друг / враг

de Fründ / de Fiend

полный / пустой

vull / leddig

твёрдый / мягкий

hart / week

тяжёлый / легкий

swoor / licht

голод / жажда

de Smacht / de Döst

больной / здоровый

krank / gesund

незаконный / законный

nich na't Recht / na't Recht

умный / глупый

klook / dummerhaftig

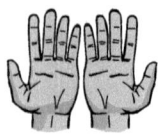

слева / справа

linkerhand / rechterhand

близко / далеко

neeg / feern

новый / подержанный

nieg / bruukt

ничто / нечто

nix / wat

старый / молодой

oolt / jung

включено / выключено

an / ut

открыто / закрыто

apen / slaten

тихо / громко

lies / luut

богатый / бедный

riek / arm

правильный /
неправильный
richtig / verkehrt

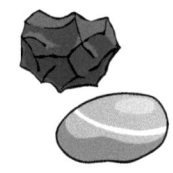

шероховатый / гладкий

ruug / glatt

печальный / счастливый

trurig / glücklich

короткий / длинный

kort / lang

медленный / быстрый

suutje / flink

мокрый / сухой

natt / dröög

тёплый / прохладный

warm / köhl

война / мир

de Krieg / de Freden

0

ноль

null

1

один

een

2

два

twee

3

три

dree

4

четыре

veer

5

пять

fief

6

шесть

söss

7

семь

söven

8

восемь

acht

9

девять

negen

10

десять

teihn

11

одиннадцать

ölven

12
двенадцать

twölf

13
тринадцать

dörteihn

14
четырнадцать

veerteihn

15
пятнадцать

föffteihn

16
шестнадцать

sössteihn

17
семнадцать

söventeihn

18
восемнадцать

achtteihn

19
девятнадцать

negenteihn

20
двадцать

twintig

100
сто

hunnert

1.000
тысяча

dusend

1.000.000
миллион

million

английский

dat Engelsch

американский английский

dat Amerikaansch Engelsch

мандаринский китайский

dat Chineesch Mandarin

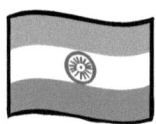

хинди

dat Hindi

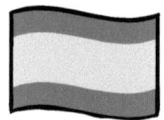

испанский

dat Spaansch

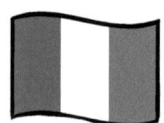

французский

dat Franzöösch

арабский

dat Araabsch

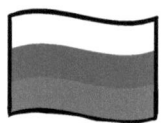

русский

dat Rusch

португальский

dat Portugiesch

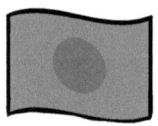

бенгальский

dat Bengaalsch

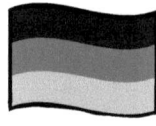

немецкий

dat Düütsch

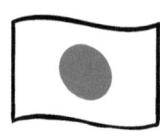

японский

dat Japaansch

я

ik

ты

du

он / она / оно

he / se / dat

мы

wi

вы

ji

они

se

кто?

keen?

что?

wat?

как?

woans?

где?

woneem?

когда?

wannehr?

имя

de Naam

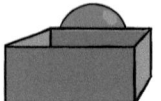

за
....
achter

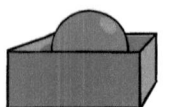

в
....
in

перед
....
vör

над
....
över

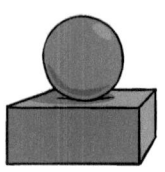

на
....
op

под
....
ünner

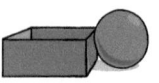

рядом
....
blangen

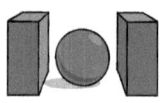

между
....
twüschen

место
....
de Oort